지혜편

Power of Wisdom

지혜력

김승동 지음

교회성장연구소

Part 2
사람의 마음을 얻는 지혜

Part 3
아버지가
아들에게 들려주는 지혜

Part 4
두 배로 즐거운
신앙생활을 위한 지혜

머리말

　해양학의 아버지라 불리는 매튜 마우리 박사는 해로를 발견하여 현재 수많은 배들의 항로를 만들었다. 그의 연구로 인해 항해가 더욱 순탄해졌으며, 해류와 기상에 대한 탐구로까지 이어져 해도(海圖)와 해상 기상도를 구축할 수 있었다.

　그의 이러한 연구의 밑바탕에는 하나님의 지혜인 성경이 있었다. 마우리 박사는 항해 도중 사고를 당해 얼마간 병상에 누워 있게 되었다. 그때 아들이 그의 곁에서 계속 성경을 읽어 주었다. 그러던 어느 날 시편을 통해 새로운 깨달음을 얻게 된다.

　"공중의 새와 바다의 물고기와 바닷길에 다니는 것이니이다(시편 8:8)."

　선원이었던 그는 '내가 바다에 대해서는 잘 알고 있다고 자부했는데, 해로라는 것이 있다는 말은 처음 들어 보았다. 그러나 성경에 해로가 있다고 말씀하셨으니 틀림없이 있을 것이다. 병이 나으면 꼭 찾아봐야지!'라고 생각하게 되었다.

이윽고 그는 대서양 바닷물의 온도와 해류 그리고 바람의 흐름에 대한 광범위한 연구를 시작하여 그 모든 것들 사이에는 상호 관련이 있다는 것을 처음으로 밝혀냈고, 나아가 해도와 해상 기상도를 만들 수 있었다. 이렇게 해양학 연구에 평생을 바친 마우리 박사의 업적을 기리기 위해 세워진 그의 기념 동상 비명에는 다음과 같은 구절이 쓰여 있다.

"해로의 발견자인 그는 드넓은 대양과 바다로부터 처음으로 그 법칙을 찾아낸 천재였다. 바다를 오가는 모든 세대의 항해자들은 해도를 볼 때마다 당신을 생각하리라. 특히 성경의 시편 8편 8절과 107편 23, 24절, 전도서 1장 7절이 그에게 영감을 주었음을 밝힌다."

이처럼 성경은 하나님이 주시는 지혜로 가득 차 있다. 성경의 도움으로 바닷길을 발견한 마우리 박사와 같이 우리도 성경을 통해 자신의 인생길을 발견할 수 있는 것이다. 그럼에도 불구하고 많은 사람들이 성공 지침서, 자기 개발서, 연애 지침서 등을 통해 인생에 대한 해답을 찾으려고만 할 뿐 성경에서 인생길을 찾으려는 노력은 하지 않는다.

복잡한 물건의 사용법은 그것을 만든 사람이 가장 잘 알고 있다. 우리 인간의 삶의 태도 역시 우리를 만드신 하나님만이 가장 잘 알고 계시다. 이제 인간을 창조하신 하나님께 우리의 인생길을 물어봐야 한다.

이 책에서는 "지혜가 제일이니 지혜를 얻으라(잠언 4:7)."라는 잠언의 가르침처럼 성공하는 인생을 위해 구해야 할 지혜를 네 가지 영역으로 나누어 이야기하고 있다. Part 1 '인생의 불꽃이 되는 지혜'에서는 주님의 방법으로 세상을 살아가는 지혜를 배울 수 있다. 선택의 기로에 놓였을 때, 마음이 낙심되었을 때 세상을 헤쳐 나가는 힘이 되어 줄 것이다. Part 2 '사람의 마음을 얻는 지혜'에서는 인간관계에서 크리스천이 어떻게 지혜롭게 대처해야 하는지를 전하고 있다. Part 3 '아버지가 아들에게 들려주는 지혜'에서는 믿음의 가정을 세워 나가는 지혜를 얻을 수 있다. Part 4 '두 배로 즐거운 신앙생활을 위한 지혜'에서는 크리스천으로서 하나님을 더 깊이 알아 가고 주님의 축복을 누리는 자녀로서의 삶을 살기 위한 지혜를 담았다.

현재 담임하고 있는 구미상모교회는 1901년 언더우드 선교사에게 직접 복음을 전해 들은 성도들에 의해 자생적으로 생겨난, 역사와 전통 위에 세워진 교회다. 100년이 넘는 긴 세월 동안 수많은 시련과 어려움 속에서도 하나님이 주신 지혜로 믿음을 지키며 부흥과 성장을 거듭해 온 이곳에서의 사역을 통해 보다 많은 하나님의 은혜를 체험하고 또 보다 많은 깨달음을 얻을 수 있었다.

이렇게 우리 교회를 이끌어 온 하나님의 지혜는 한 치 앞도 알 수 없는 인생을 사는 우리에게 "주의 말씀은 내 발에 등이요 내 길에 빛이니이다(시편 119:105)."라는 시편 기자의 고백처럼 우리의 삶을 밝히는 등불이 되어 줄 것이다.

마지막으로 나의 목회와 가정 생활에서 늘 힘이 되어주는 김갑조 사모와 어려운 환경 가운데서도 잘 자라 믿음의 가정을 꾸려 가고 있는 첫째 김인집 목사와 임희진 사모, 장녀 김인심과 사위 김병호, 차녀 김사라와 사위 제이피(J.P), 삼녀 김한나와 사위 윤성민에게 평소에는 전하지 못했던 감사하다는 말을 꼭 전하고 싶다. 더불어 아멘하면 "예"라며 충실하게 따라온 당회원, 장로들, 성도들과 목회 선후배들에게 고마움을 전한다.

김승동 목사(구미상모교회 담임 목사)

추천사

김승동 목사는 한국 교회와 복음을 사랑하는 진정한 목회자입니다. 현재 한국교회언론회의 대표로 활동하고 있는 그가 얼마 전 기독교에 대한 일반 언론의 공격과 타 종교의 거친 도전에 대응하는 모습을 보며 큰 감명을 받은 바 있습니다. 이렇게 복음에 대한 열정으로 충만한 그의 마음이 고스란히 담긴 책이 발간되어 더없이 기쁩니다. 독자들의 삶에 지혜의 샘이 터지기를 기원합니다.

– 여의도순복음교회 원로 목사 조용기

요즘 그리스도인들을 보면 세상의 지식은 열심히 쌓는 반면 하나님의 지혜를 구하는 일에는 소홀할 때가 많습니다. 그래서인지 삶 속에서 복음의 능력을 제대로 발휘하지 못하고 있습니다. 이 책은 세상을 살아가는 모든 그리스도인들에게 꼭 필요한 하나님의 지혜를 담고 있습니다. 하나님의 지혜로 살아가고자 하는 이 땅의 성도들에게 일독을 권합니다.

– 명성교회 담임 목사 김삼환

구미상모교회 김승동 목사의 『지혜력』은 잠언서의 가르침을 바탕으로 한 책입니다. 여호와를 경외하는 것이 지혜의 근본이라 했기에 이 책은 그동안 그가 하나님과 함께하면서 경험한 지혜들로 가득합니다. 이 내용을 통해 많은 사람들이 하나님이 주시는 지혜를 능력으로 삼아 모든 일에 성공자가 되기를 간절히 바랍니다.

- 연세중앙교회 담임 목사 윤석전

대부분의 사람들이 인생에서 가장 중요한 것은 물질이라고 생각합니다. 이는 완전히 틀린 말이라고는 할 수 없습니다. 그러나 결코 올바른 생각도 아닙니다. 우리의 삶에서 그 무엇보다 중요한 것은 하나님의 지혜입니다. 하나님의 지혜만이 인간을 참행복으로 이끌기 때문입니다. 인간은 세상의 주인이신 하나님의 뜻을 깨닫고 따를 때 성공적인 인생을 살게 되는 것입니다. 『지혜력』은 이런 점에서 우리 모두에게 필요한 값진 책입니다. 많은 분들이 이 책을 통해 지혜의 샘물을 마실 수 있기를 소망합니다.

- 왕성교회 담임 목사 길자연

'주님의 뜻이라면 아멘 하는 교회'라는 표어를 가진 구미상모교회의 김승동 목사가 쓴 책 제목이 '지혜력'이라는 점에서 또 한 번 많은 기대를 했습니다. 혼란스러운 세상에서 하나님의 뜻을 분별하고 그 뜻에 순종하며 지혜롭게 살아가기를 원하는 사람들에게 이 책을 추천합니다.

- 대전중앙교회 담임 목사 최병남

Power of Wisdom

  많은 사람들이 성공적인 인생을 살기 위해 노력한다. 성공적인 삶을 누린 사람에게 조언을 구하기도 하고 성공 지침서를 읽기도 하면서 자신의 인생을 좀 더 아름답게 만들기 위해 고군분투하고 있다. 그러나 정작 우리에게 가장 필요한 하나님의 지혜에는 무관심한 경우가 많다. 우리를 만드신 하나님만이 우리 인생을 가장 멋지게 만들어 주실 수 있다는 진리에는 생각이 미치지 못하는 것이다.

  이제 우리의 인생을 계획하신 분에게 지혜를 구해 보자. 불꽃처럼 빛나는 그분의 말씀이 우리의 인생을 참된 길로 인도할 것이다. 이 세상의 어떠한 정보와 지식보다도 앞서는 하나님의 지혜로 인생을 설계하는 자에게는 세상이 감당하지 못한 놀라운 일들이 기다리고 있음을 기억하기 바란다.

Part 1
인생의 불꽃이 되는 지혜

Chapter 01

하나님의 잣대에 자신을 비추라

스스로 깨끗한 자로 여기면서도
자기의 더러운 것을 씻지 아니하는 무리가 있느니라
_ 잠언 30:12

사람들은 뒤에서 남의 말 하기를 무척 좋아한다. 모이면 누군가를 헐뜯는 이야기부터 한다. 그 유명한 소크라테스의 '너 자신을 알라!'(Know yourself!)라는 명언을 모르는 것인지, 대부분의 사람들은 자기 자신이 어떤지는 모르고 다른 이들을 평가하며 수군댄다. 탈무드에 따르면 남의 단점은 잘 보이지만 자신의 단점을 보기란 힘들다고 했다. 자기 자신을 객관적으로 평가하는 것은 쉽지 않은 일인 것이다. 사실 많은 이들이 자신에 대한 평가를 스스로 내리기보다는 다른 사람에게 미루는 것이 보통이다. 그것이 '객관적'이라는 이유를 들면서 말이다.

이러한 타인의 잣대에 의한 평가 결과가 어떤 사람에게는 자기의 위치를 확인하고 목표를 재정립하는 등 새로운 도전의 계기나 출발선으로서의 역할을 하지만, 반대로 한계선을 긋고 낙담하며 좌절하게 만드는 경우도 심심찮게 볼 수 있다. 이런 경우 열등의식에 사로잡히는 역효과를 낳게 되는데, 이때 흔히 발견되는 현상이 자아 상실, 자기 불신, 무력감 등이다.

열등의식에 사로잡힌 사람은 자신을 무가치한 존재로 여기며 무의식 속에서 자아를 부정하고, 때로는 그 보상을 받기 위해 과격한 행동을 취하기도 한다. 사실 대부분의 사람들은 어느 정도 열등감을 느끼고 있으며, 그중에는 그 정도가 심한 경우도 많다. 그러나 열등의식은 자신의 발전을 저해하고 나아가 집단행동이나 사회 혼란까지도 야기할 수 있기에 조심해야 할 필요가 있다.

열등의식에 관한 내용은 성경에서도 쉽게 찾아볼 수 있다. 인류 최초의 살인 사건으로 카인이 아벨을 살해한 것도 열등감이 원인이었다. 이처럼 열등감은 실로 무서운 것이다. 그렇다면 이러한 열등감은 어떻게 해소할 수 있을까?

'하나님의 잣대에 자신을 비추라.'라고 말하고 싶다. 사람들이 무수한 잣대를 만든 이유는 자신을 알기 위해서다. 그러나 자신을 가장 잘 아는 것은 다른 사람도, 자기 자신도 아닌 바로 하나님이시다. 우리의 머리카락까지 세고 계시는 하나님은 우리에게 무한한 가능성을 주셨다. 그 가능성의 종류는 사람마다 각기 다르다. 그렇기에 사람이 만든 잣대로 사람을 평가하는 데는 한계가 있다. 같은 기준선에 모든 사람을 올려놓고 평가한다는 것이 '객관적으로 불가능'하기 때문이다. 오직 사람을 지으신 하나님만이 그 가능성을 알고 계시기 때문이다. 우리가 열등의식에 사로잡힐 이유가 없는 것도 바로 이 때문이다.

또한 열등의식은 자신을 파멸시킬 뿐이다. 사울이 다윗에게 품었던 자격지심이나 카인이 아벨을 보며 느낀 열등감 모두 '죽음'이라는 안타까운 결말을 낳았다. 그러므로 우리는 항상 하나님이 주신 무한한 가능성을 기억하며 '주관적'인 열등의식을 버려야 한다.

세상에는 대략 두 종류의 인간 유형이 있다. 하나는 자신이 형편없고 불행하다고 생각하며 열등의식 속에서 살아가는 부정적인 사람들이다. 이들은 좌절하고 불평하며 인생을 낭비하다가 결국 실패로 삶을 마감한다. 다른 하나는 자신이 하나님의 섭리 가운데 파송 받은 사명자라고 여겨 자기에게 부여된

은사와 가능성을 끊임없이 개발하며 살아가는 긍정적인 사람들이다. 이들은 대개 성공적인 삶을 살다가 천국에 간다. 바로 지금 '나는 어떤 존재인가?'라는 근본적인 질문을 해보라. 나는 부모의 의사나 내 선택으로 이 땅에 온 것이 아니라 하나님의 섭리 가운데 태어났다. 또한 나는 하나님의 택함을 받은 사람이기에 독생자의 피 흘림을 통해 구속 받아 하나님의 자녀가 되었다. 내가 태어나고 구원 받은 것도 하나님의 섭리로 이루어졌다.

이사야 43장 1절을 보면 "야곱아 너를 창조하신 여호와께서 지금 말씀하시느니라 이스라엘아 너를 지으신 이가 말씀하시느니라 너는 두려워하지 말라 내가 너를 구속하였고 내가 너를 지명하여 불렀나니 너는 내 것이라."라고 하셨다. 그렇다. 하나님이 친히 개입하셔서 그분의 소유로 삼으신 존귀한 존재가 바로 '나'인 것이다.

우리는 흔히 얼마만큼의 값을 지불했는지에 따라 그 물건의 가치를 정한다. 그렇다면 도대체 우리는 하나님에게 얼마짜리인 존재일까?

세상의 계산법에 따르면 하나님은 우리를 자신의 소유로 삼기 위해 독생자 예수를 지불하셨다. 적어도 값을 지불한 만큼만 계산해도 우리는 '예수님짜리'다.

온 세계의 주인이신 전지전능한 하나님이 과연 이 세상에서 값을 치르고 사고자 하시는 것이 있을까? 그런 분이 우리를 위해 자기 아들을 바치시다니 놀라운 은혜가 아닐 수 없다. 또한 독생자를 아끼지 아니하신 하나님의 계산법으로 따지자면 우리는 이 세상 그 무엇보다 값진 존재라는 것을 깨닫게 된다. 말도 못할 만큼 값지고 귀한 존재인 것이다. 인류 역사상 수억만 명 중에 오직 하나뿐인 나를 하나님의 형상대로 창조하셨기에 하나님은 나를 천하보다 더 사랑하신다.

한때 걸작이었다가 쓸모없는 졸작으로 추락한 인간을 하나님은 "그리스도 예수 안에서 선한 일을 위하여 지으심을 받은 자"로 거듭나게 하셨다. 새로 만드셨다. 가치를 따질 수 없는 소중한 존재로 새롭게 만드셨는데 그 가격이 '예수님짜리'라는 것이다. 우리가 이런 엄청난 걸작이라는 것을 알아야 한다.

'나'라는 존재는 온 지구를, 온 역사를 통틀어 어떤 사람도 대신할 수 없고 그 어떤 다른 '나'도 존재할 수 없다. 이것은 하나님이 내게만 주신 특권이다. 나를 과소평가하지 말아야 한다. 그리고 무엇보다도 각자가 자기 자신을 소중하게 여겨야 할 중요한 이유는 전능하신 하나님이 우리를 이 세상에 보내신 목적과 사명이 있기 때문이다.

당신은 이 세상에 없어서는 안 될 귀중한 존재다. 당신이 속한 어느 곳에서도 빠져서는 안 되는 보물이다. 당신을 향하신 하나님의 계획이 있음을 잊지 말아야 한다. 당신은 하나님의 걸작이다.

Chapter 02
날마다 경건을 연습하라

계명을 지키는 자는 자기의 영혼을 지키거니와
자기의 행실을 삼가지 아니하는 자는 죽으리라
_ 잠언 19:16

톨스토이는 그의 참회록에서 어리석은
인간에 대해 다음의 우화를 인용하여 풍자하고 있다.

한 나그네가 광야를 걷다가 갑자기 맹수를 만나게 되었다.
맹수를 피해 도망치던 나그네는 마침 우물을 발견하여 그 속
으로 뛰어들었다. 그러나 우물에 매달려 밑바닥을 내려다보니
커다란 용이 무섭게 입을 벌리고 있었다. 나그네는 질겁했다.
밖에는 맹수가 잡아먹을 듯 버티고 있고 밑에는 거대한 용이
집어삼킬 듯 노리고 있으니 진퇴양난에 사면초가로 죽음의 위
기를 맞게 되었다. 나그네가 '이제 나는 죽었구나.' 하고 체념

하려는 순간 나무 한 그루가 눈에 들어왔다. 그 나무의 가지가 우물까지 뻗어 있어 나그네는 그 나뭇가지를 단단히 붙들었다. 나뭇가지에 의지하여 살아 보려고 발버둥을 쳤으나 점점 힘이 빠졌다. 그때 이상한 소리가 들려왔다. 바로 흰쥐와 검은쥐 두 마리가 나무 밑동을 갉아먹는 소리였다. 그는 나뭇가지가 끊어지면 용의 밥이 된다고 생각하니 너무도 두려웠다. 쥐들이 나무 밑동을 다 갉아먹는 날에는 땅에 떨어져 죽는다고 생각하니 이 또한 기가 막혔다. 이런 아슬아슬한 상황 속에서 눈을 들어 나뭇잎을 올려다보니 벌이 만들어 놓은 꿀이 보였다. 그 순간 그는 자신이 위기에 처한 것도 잊은 채 꿀을 핥아먹기 시작했다. 흰쥐와 검은쥐는 계속해서 나무 밑동을 갉아먹고 있었다. 나그네는 죽음의 문턱에서도 전혀 아랑곳하지 않고 단 꿀만 빨아먹고 있었다.

톨스토이는 이 우화를 인용하면서 이런 말을 했다.

"인생은 어리석은 것, 나도 어리석었다네. 이 세상 향락에 취하고, 이 세상 욕심에 취하고, 죽음의 소리를 들으면서도 아무런 생각 없이 나는 지금까지 살아왔노라."

우리는 모두 하루하루 죽음의 위협을 받고 있다. 날마다 흰쥐와 검은쥐가 마지막으로 의존하고 있는 구원의 뿌리를 갉아먹듯이 흰쥐와 같은 밝은 낮과 검은쥐와 같은 캄캄한 밤이 내 생명을 단축시키고 있다. 그럼에도 불구하고 우리는 아무 생각 없이 그날그날 '무엇을 먹을까? 오늘은 어디를 가볼까? 뭔가 재미있는 일이 없을까?' 하는 생각에만 빠져서 인생을 낭비하고 있다. 이것이 바로 어리석은 인간의 모습이다.

인생의 단계는 1년 단위로 생각할 수도 있고 계절 단위로 생각할 수도 있다. 그러나 삶은 하루를 단위로 매일매일 사는 것이다. 낮은 사는 것과 같고 밤은 죽는 것과 같아서 삶과 죽음이 매일 계속된다. 아무도 죽음의 나날에서 벗어날 수 없다. 그래서 지혜로운 사람은 이렇게 말한다.

"여호와여 나의 종말과 연한이 언제까지인지 알게 하사 내가 나의 연약함을 알게 하소서(시편 39:4)."

인생에 있어 세 가지를 알아야 비로소 지혜롭다고 말할 수 있다. 첫 번째로 종말이 있다는 사실을 알아야 한다. 두 번째로 내가 얼마나 살다 갈 것인지 연한을 알아야 한다. 지금까지 살아온 날은 얼마였으며 남은 날은 얼마인가 하는 것이다. 세 번째로 인간은 연약한 존재임을 알아야 한다. 이것을 아는 것이 지혜다.

고전 명작인 영화 벤허나 쿼바디스를 보면 예수님을 믿는 많은 사람들이 평온한 미소를 띠며 순교하는 장면이 나온다. 그런 영화를 보면 나도 저런 상황에 처했을 때 그들처럼 순교할 수 있을까 하는 생각이 들곤 한다. 그런데 그런 위대한 순교는 고사하고, 지나온 삶을 돌아보면 자신의 자아도 어찌하지 못하고 하나님을 거스른 때가 참 많다. 순간순간 부딪치는 작은 선택 속에서도 언제나 주님의 생각보다는 자신의 생각이 승리하기 때문이다.

사람에게는 누구나 혼자만의 뼈아픈 추억이 있기 마련이다. 내가 입대해야 했던 그해에 섬기는 교회에 문제가 생긴 적이 있었다. 담임 목사님과 장로님 사이에 벌어진 일이었다. 그 당시 나는 성가대 지휘와 중고등부 부장도 맡고 학생회 설교도 하면서 나름 교회에서 여러 가지 활동을 하고 있었다.

문제는 장로님 세 분 중에 두 분이 다음 주부터 담임 목사님이 설교를 하지 못하도록 강단을 점거하겠다는 것이었다. 장로님들은 그 일에 나의 적극적인 도움이 필요하다고 했다. 그러나 나는 목사님에게 받은 은혜를 잊을 수가 없었다. 목사님은 나를 신앙으로 키워 준 믿음의 아버지와 같은 분이었다. 괴로운 마음에 돌아가는 상황을 보니 만일 내가 교회에 없으면 아무 일 없이 그냥 지나갈 수도 있겠다는 생각이 잠시 들었다. 그만큼 교회에서 내가 차지하는 비중이 만만치 않았던 것 같다. 드디어 주일이 되었고 평상시와 마찬가지로 아침 일찍 교회에 가는 버스를 탔으나, 교회에 도착하기 전에 내리고 말았다. 도저히 교회에 갈 용기가 나지 않았다. 아니, 목사님의 은혜를 그런 식으로 갚고 싶지 않아서였다.

나는 무작정 시내를 방황하다가 극장에 들어갔다. 온종일 극장에 있다가 어두워지면 집에 갈 심산이었다. 그날만 넘기면 될 것 같았다. 그다음 일은 하나님이 해주실 것이라는 생각이 들었다. 얼마나 마음을 졸이고 신경을 썼는지 모른다. 연락도 없는 나를 걱정할 학생들이 눈에 선했다. 목사님이 강단에 서서 나를 찾는 모습이 눈앞에 아른거리는 듯했다. 성가대 지휘자가 말도 없이 예배를 빠졌으니 마음이 이만저만 무거운 것이 아니었다.

교회를 생각하면 당장 가고 싶은 마음에 계속 일어났다 앉았다 하며 안절부절못했다. 주일날 교회에 가지 않았다는 죄책감에 음식을 사 먹을 수도 없었다. 하나님이 화내시는 모습이 떠오르면서 머리가 깨질 듯 아파 왔다. 혼자 구석에 앉아 소리 죽여 울다가 밤늦게 집에 돌아왔다. 내 성격을 아는 형님과 형수님은 아무 말이 없었다. 눈치로는 우려했던 일이 터지지 않았다는 신호 같았다.

그날 이후 나는 평생 주일을 생명처럼 지켰다. 교회가 얼마나 좋은 곳인지를 그날만큼 뼈저리게 느낀 적이 없었다. 말씀이 너무 그립고 목사님이 보고 싶어 미칠 지경이었다. 성가대를 지휘하고 싶었고, 오후에 학생들 앞에서 설교하고 싶었다. 그것이 바로 성령의 역사하심이었다.

만일 성도가 하루 교회를 빠져 하나님의 말씀을 듣지 못했는데도 마음에 아무런 불편을 느끼지 못한다면 그 영혼은 메마르고 마비된 것이다. 영혼이 마비되면 하나님의 축복의 선포를 듣지 못하므로 승리의 삶을 살지 못한다. 하나님이 지시한 축복된 길을 모르고 혼자만의 판단으로 자신 있다며 가는 길은 곧 패배와 실패로 이어지게 되어 있다.

'바울처럼 큰 인물들이나 복음을 증거하며 사도의 삶을 살수 있는 것이지, 난 아니야.'라는 생각도 해본다. 그러나 한편으로는 바울이 지금까지 기독교인들에게 지대한 영향력을 미치고 또 신약 성서를 이야기할 때 대표적인 사도로 거론될 수 있었던 것은 그가 자신과의 싸움에서 날마다 순교를 거듭했기 때문이 아닐까 하는 생각도 든다. 하루만 죽어서는 안 되는 일이다. 한 번만 죽어서도 안 된다. 한 번만 깨어져서도 안 된다. 한 번만 부서져서도 안 된다. 날마다 순간마다 주님 때문에,

주님을 위해 주님과 함께 죽고, 부서지고, 깨어져야 한다. 어쩌면 삶이 힘들고 고단한 이유는 우리의 고백이 '나는 날마다 사노라.'이기 때문일지도 모른다.

왜 불쑥불쑥 역정이 나는가? 왜 참을 수 없는 분노와 미움이 일어나는가? 왜 주체할 수 없는 원망과 짜증에 시달리는가? 왜 견딜 수 없는 답답함과 절망감으로 우울해지는가? 충분히 죽지 않아서 그렇다. 덜 깨어져서 그렇다. 덜 부서져서 그렇다. 그러나 소망이 있다. 부서지게 하심은 쓰시기 위함이며, 깨어지게 하심은 성숙을 위함이며, 죽으라 하심은 살리시기 위함이며, 비참하고 초라하게 하심은 그만큼 '내가 너를 사랑한다.'라는 증거이기 때문이다. 고목에서 피는 꽃과 반석에서 터지는 샘물이 더 귀하고 아름답듯이 우리의 부서짐과 깨어짐을 통해 성숙해지고 쓰임 받을 때 더욱더 깊은 감동과 기쁨을 누릴 것이다.

어떤 때는 하나님도 너무하신다는 생각이 들 때가 있다. 이제는 그만 좀 부수고 때리셔도 되지 않느냐고 저항할 때도 있다. 그러나 '그만하심'의 때는 하나님이 정하시는 것이 아니라 내가 정하는 것임을 깨닫는다. 하나님은 우리를 '특별 대우' 하시고 특별하게 사랑한다고 하시면서 종종 그런 우리를 발가벗겨 큰길 한복판에 서 있게 하신다. 그렇게 비참하고 초라하게 하심은 똑바로 살게 하기 위함이다. 똑바로 걷게 하기 위함이다. 똑바로 보게 하기 위함이다. 똑바로 믿게 하기 위함이다. 그 사랑에 목메고 눈물겨워 그분 가슴에 가만히 얼굴을 묻고 고백한다.

'이전보다 주님을 더욱 사랑합니다!'

Chapter 03

주님의 뜻이 무엇인지 발견하라

지혜로운 자와 동행하면 지혜를 얻고
미련한 자와 사귀면 해를 받느니라
_ 잠언 13:20

　　　　　　군위 삼령교회에서 시무를 할 때였
다. 주일에 새벽 기도를 하고 있는데 아이 우는 소리가 자꾸
들리는 듯했다. 그러나 주위를 둘러봐도 아무도 없었다. 하나
님이 무엇인가를 알려 주시는 것 같았다. 기도를 멈추고 우는
아이의 목소리를 가만히 들어 보니 대구에 사는 친구 전도사
의 아들 울음소리 같았다. 무서움과 배고픔이 섞여 있는 울음
이었다. 내일 가봐야겠다고 생각하고 주님이 손에 주시는 대
로 가지고 가기로 마음먹었다. 내 생각으로는 잘 이해가 안 되
었지만 하나님의 선한 뜻이 숨겨져 있는 것처럼 느껴졌다.

예배 때 광고 시간에 성도들에게 자초지종을 설명하고 섬기고 싶은 것이 있으면 가져오라고 했다. 오후부터 사택으로 물건들이 속속 도착하기 시작했다. 앞을 못 보는 어떤 집사님은 쌀을 짊어지고 온 것도 모자라 콩 한 되까지 챙겨 왔다. 집에 있는 돼지 저금통을 뜯어 온 사람도 있었다.

이튿날 월요일 아침 일찍 쌀 한 말 반, 보리쌀 두 되, 콩 깨 한 되와 126,420원을 가지고 대구행 버스에 올랐다. 도착할 때쯤 버스에서 쌀을 내리는데 빨리 하라는 성화에 서두르다 그만 마대가 터져 쌀알이 주르르 쏟아지고 말았다. 눈물이 핑 돌았다. 그때까지도 하나님이 나를 통해 어떤 일을 행하실지 알 수 없었다.

옆에 있던 집사람은 내가 마대를 찢고 싶어서 찢은 것도 아닌데 조심하지 않았다며 짜증을 냈다. 쏟아진 쌀을 놔두고 도망가고 싶었다. 눈앞에서 차들이 쌩쌩 오가는 와중에 손으로 쌀을 전부 쓸어 담아 다시 묶어서 택시에 실었다. 도착지에 다다라서 물건을 내리고 친구 집 대문을 두드리는데 대답이 없었다. 그렇게 한참 동안 두드린 후에야 친구가 나오는 것이 아닌가. 얼굴을 보아하니 부부 싸움을 한 것이 틀림없었다. 친구를 따라 들어가 보니 분위기가 심상치 않았다.

상황은 이랬다. 준비물 살 돈을 받지 못한 아들 녀석이 학교에 가지 않겠다고 버티자 내 친구는 일단 학교에 가라며 언성을 높이다가, 쌀도 떨어지고 수중에 돈 한 푼이 없어 자식에게 준비물 살 돈도 못 주는 자신의 처지가 서글퍼져 아내와 옥신각신하며 함께 울고 있었던 것이다.

그때서야 하나님의 뜻이 이해가 된 나는 쌀과 가져온 물건들을 풀어놓았다. 얼마 되지는 않지만 모금한 돈도 건네면서 어제 있었던 일을 설명했다. 친구도 사실 오늘 밖에 나갈 일이 있었는데, 웬일인지 하나님이 마음을 편치 않게 하셔서 집에 있었다고 했다. 우리는 이것이 하나님의 섭리며 우리를 도우시는 방식임을 확실히 깨달았다.

하나님의 뜻은 언제나 누구에게나 가장 최선이다. 물론 때때로 우리의 지혜와 상상을 초월하여 쉽게 이해할 수 없는 방법으로 문제를 풀어 가실 때도 있다. 그렇다 해도, 내 계획과 내 뜻이 아무리 멋지고 훌륭하다 해도, 오랫동안 그것을 준비하며 소망하고 있었다 해도, 그 방법이 아니면 절대 안 된다고 생각한다 해도, 또 그것이 일반적이고 합리적인 것 같다 해도 그것이 주님의 뜻과 다르다면 기꺼이 자신의 계획과 뜻을 내려놓고 주님을 따르는 사람이 예수님의 사람이다. 이것이 바로 예수님을 자기 인생에 주인으로 모시고 사는 것이다.

그런데 예수님을 믿으면서도 여전히 자기의 뜻이 주님의 뜻이 되기를 바라며 고집을 부리는 사람들이 있다. 어떤 일이 있어도 내가 원하는 대로, 내 계획대로 주님이 이루어 주셔야 한다는 고집 말이다. 어느 정도는 주님이 양보하실 수도 있다. 그러나 결정적인 부분에서는 결코 주님은 뜻을 굽히시지 않는다. 결정적인 부분이란 우리의 뜻대로 이루어지는 것이 결국은 우리에게 돌이킬 수 없는 고난을 주고 우리를 향하신 하나님의 목적을 성취하지 못하는 것일 때를 말한다. 그때는 주님도 절대 뜻을 거두시지 않는다.

그러나 많은 성도들이 자신의 뜻을 굽히지 않고 주님과 씨름하고 있다. 이런 어리석고 불필요한 씨름으로 몸도 마음도 고생하며 시간과 에너지를 낭비하고 있다. 주님의 뜻을 내 뜻으로 받아들이지 않으면, 내 뜻을 주님의 뜻으로 바꾸지 않으면 하나님이 우리를 위해 예비하신 크고 놀라운 역사를 보지 못한다. 이제부터라도 주님의 뜻에 자신의 뜻을 맞추기 바란다.

주님의 뜻을 자신의 뜻으로 삼으면 가장 먼저 찾아오는 것이 마음의 평안이다. 영의 생각은 생명과 평안이기 때문이다 (로마서 8:6). 순탄한 길을 걸으며 잔잔한 강처럼 평화로운 인생을 살고 있을 때뿐만 아니라, 거친 파도와 풍파로 두려움에 휩

싸이거나 어려운 일들이 겹칠 때도, 그래서 온몸이 힘들고 피곤해도 영혼만큼은 평안한가? '내 영혼 평안해, 내 영혼 내 영혼 평안해.'라며 찬양할 수 있는가? 그렇다면 당신은 주님의 뜻을 자신의 뜻으로 삼고 사는 사람이다.

1892년 가을, 무디는 사우샘프턴 항구에서 뉴욕으로 향하는 배에 올랐다. 여행 3일째, 침상에 누워 있던 그는 커다란 꽝 음 소리에 깜짝 놀랐다. 프로펠러를 움직이던 커다란 기둥이 부러지면서 바닷물이 배 안으로 마구 밀려들기 시작한 것이다. 사람들은 공포에 휩싸였고 배는 곧 침몰할 것만 같았다. 무디는 회고록에서 그때의 일을 이렇게 쓰고 있다.

"그것은 내 생애 가장 참담한 시간이었다. 죽음의 공포에서 초연한 나 자신을 상상해 보려 했다. 그러나 나는 그 공포를 이겨 낼 수 없었다."

무디는 무릎을 꿇고 하나님께 전심으로 눈물을 흘리며 기도했다. 살려 달라고, 구원해 달라고, 무사히 뉴욕에 도착할 수 있게 해달라고 기도하지 않았겠는가? 그런데 갑자기 무디의 기도가 바뀌었다. 하나님이 그로 하여금 이렇게 기도하게 하신 것이다.

'주님, 뜻대로 하시옵소서!'

이 기도를 드리고 무디는 깊은 잠에 빠졌다. 그는 "내 인생에서 그렇게 평온한 가운데 잠든 적이 없었다."라고 회상했다. 새벽 3시, 무디의 아들이 그를 깨웠다. 지나가던 선박이 구조신호를 들었던 것이다. 7일 후 그들은 안전하게 항구로 인양되었다.

하나님의 계획은 무디를 구해 내시는 것이었다. 그런데 무디가 끝내 '주님, 뜻대로 하시옵소서.'라는 기도를 드리지 못했다면 결과는 똑같다 할지라도 그는 두려움 가운데 7일을 보냈을 것이다. 무디가 죽음의 공포 속에서도 평안하게 단잠을 잘 수 있었던 것은 주님의 뜻에 자기의 생명과 안전을 맡겼기 때문이다.

지금 당면한 문제들에 대해서, 즉 남편에 대해서, 아내에 대해서, 자녀에 대해서, 진로에 대해서, 경제력에 대해서, 직장이나 학업의 문제에 대해서 막다른 골목에 몰린 것처럼 답답함을 느끼고 있는가? 너무 느린 것 같아서 조급하지는 않은가? 혹시 잘못되면 어쩌나 싶어 안절부절못하고 있는가? 조금만 자기의 계획대로 되지 않아도 불안해 하는가? 생각지도 못한 문제를 만나면 인생이 끝난 것처럼 절망하는가? 혹시 이런 상태에 빠져 있다면 아직까지 주님의 뜻을 자신의 뜻으로 삼지 못하고 있는 것이다.

하나님의 울타리가 나를 둘러싸고 있다는 것이 항상 모든 재난과 인생의 충격으로부터 보호를 받는다는 의미는 아니다. 그 울타리가 가시로 만들어진 것일 수도 있다. 그리고 주님의 사랑의 보호가 때로는 우리를 재앙의 한가운데로 내모는 경우도 있으며, 갈보리 언덕까지 십자가를 지고 가라는 요구일 때도 있다. 상황이 어떠하든 우리가 머물 가장 안전한 곳은 주님의 뜻 안이다. 비록 못이 박혀 피를 흘리는 형상이라 해도 주님의 손은 우리가 거할 가장 안전한 장소다. 그러므로 주님의 뜻을 발견하는 것이 가장 먼저 해야 할 일이다. 인생은 짧고 주님의 뜻은 영원하며, 그 뜻에 순종하는 것이 고단해 보이고 손해인 것 같지만 가장 안전한 것이요, 진정한 성공의 길이며 영원히 복 받는 길이다.

Chapter 04

마음과 열정이 담긴 꿈을 꾸라

●

●

●

지혜는 그 얻은 자에게 생명나무라
지혜를 가진 자는 복되도다
_ 잠언 3:18

북미의 대초원에서 살았던 인디언들
에게는 '비전 찾기'(vision-seeking)라는 의식이 있었다. 이 의
식은 외딴 오두막에서 혼자 긴 시간을 보내며 금식과 기도를
행하는 것이다. 그럼으로써 진정한 삶의 의미가 무엇인지 진
정한 인생의 목적이 무엇인지 깨닫게 되고, 자신의 부족함을
채우기 위해 해야 할 일을 알게 된다고 한다.

그러나 비전이라는 것은 엄밀히 말하면 찾는 것이 아니라
얻는 것이다. 비전은 얻어야 가질 수 있게 된다. 성령 없이 얻
는 비전은 결국 개인의 욕망일 뿐이며 야망으로 끝이 난다. 그

렇다. 비전의 삶은 주님을 위한 삶이다. 그러나 야망의 삶은 자신을 위한 삶이다. 비전의 삶은 하나님께 목적이 있다. 그러나 야망의 삶은 자신에게 목적이 있다. 비전의 삶은 하나님의 능력을 얻는다. 그러나 야망의 삶은 하나님의 능력을 잃는다. 비전의 삶은 주님을 높이고 생명을 얻지만 야망의 삶은 주님을 팔고 생명을 잃는다. 비전의 삶은 하나님께 영광을 올려 드리지만 야망의 삶은 인간 자신의 욕망을 채우고자 끝없는 방황 속에서 헤맨다.

영성(靈性)은 영성(零性)이라는 말이 있다. 다시 말해서 참 영성은 아무 욕망도 없는 빈 그릇 상태라는 뜻이다. 자기 야망을 비전이라고 우기는 고집을 버려야 한다. 주님이 이루어 가실 새 시대, 새 세상을 꿈꾸는 것이 영성이다. 자기를 비우고 주님께 의존하는 것이 비전이다. 어느 기자가 헬렌 켈러에게 이런 질문을 했다.

"앞이 보이지 않는 생활보다 더 불행한 것이 무엇일까요?"

그녀는 이렇게 대답했다.

"볼 수 있는 눈을 가지고 있으면서도 비전 없이 생활하는 것입니다."

왜 비전이 없이 살아가는 것일까? 영적으로 보면 전능하신 이, 곧 성령을 받지 못했기 때문이다. 성령으로 충만한 사람은 비전으로 충만하다.

언젠가 알프스 산맥에서 길을 잃은 사람이 13일간을 헤매다가 구출된 일이 있었다. 알고 보니 그는 매일 열두 시간씩 걸었으나 자기가 있는 곳의 6킬로미터 안에서 왔다 갔다 한 것이다. 사람은 눈을 가리면 똑바로 걷지 못한다. 20미터를 걸으면 약 4미터 이내의 간격이 생기고, 그렇게 10킬로미터를 가게 되면 결국 원을 그리면서 돈다고 한다. 이러한 현상을 윤형방황(輪形彷徨)이라고 한다.

인생에도 윤형 방황이 있다. 이를 벗어나는 방법은 오직 하나님이 주신 비전을 갖는 것이다. 우리 중에는 간혹 지금까지 안 해본 것은 절대 못하는 사람이 있다. 지금까지 안 먹어 본 것은 입에도 안 대는 사람도 있다. 그런데 그 반대로 안 해본 일만 골라서 하고, 이상한 것만 먹어 보는 사람도 있다. 둘 다 큰 문제다. 이제 우리는 인생의 윤형 방황에서 벗어나야 한다. 그러기 위해서는 새로운 비전을 가지고 과감하게 전진해야 한다. 이러한 정신이 개척 정신이며 이러한 사람이 비전을 품은 비전가다.

영국에 존이라는 젊은 청년 청교도 목사가 있었다. 존 목사는 1637년 큰 뜻을 품고 신대륙을 찾았지만 1년 만에 폐결핵으로 죽음을 맞게 되었다. 임종 직전에 그는 자기의 전 재산인 약 300권의 책을 근처에 새로 생긴 대학에 기증하며 편지 한 장을 썼다.

"학장님! 저는 이 땅에 큰 꿈을 품고 왔지만 그 꿈을 이루지 못하고 주님께 갑니다. 대신 이 땅의 젊은이들을 통해 제 꿈이 이루어지기를 바라며 이 책들을 기증합니다. 부디 이 책들을 통해 큰 인물로 키워 주십시오."

이 편지를 읽은 학교 이사들은 깊은 감동을 받았다. 그래서 이 젊은 목사의 이름을 따서 학교 이름을 바꾸기로 결정했다. 그렇게 생겨난 학교가 바로 하버드 대학교다. 자기가 가진 300권의 책을 드림으로써 존 하버드의 드림(dream)이 멋지게 이루어진 것이다. 이처럼 자기를 드리는 꿈이 있어야 꿈(dream)이 성취되는 것이다.

사람은 큰 꿈을 꾸어야 한다. 그리고 그 꿈에 자기를 헌신해야 한다. 그 꿈이 어떤 열매를 맺을지는 아무도 모르지만 마음과 열정이 담겨 있다면 반드시 결실을 보게 된다. 물론 그 비전이 실속 없이 크기만 해서 정신적 허영에 그치는 일은 없어야 한다. 허영은 영혼과 가정과 나라까지 망친다. 비전은 하나님이 주신 소명을 따라 꿈꾸며 행하는 것이다. 그러한 비전은 반드시 필요한 것이지만, 무작정 어떤 것을 가질 수 있고 어떤 일을 이룰 수 있다는 착각은 버려야 한다. 그런 착각과 잘못된 생각이 바로 허영이다. 성경은 이 같은 허영을 버려야 한다고 말한다. 시편 131편 1절에서 시편 기자는 이렇게 고백한다.

"여호와여 내 마음이 교만하지 아니하고 내 눈이 오만하지 아니하오며 내가 큰일과 감당하지 못할 놀라운 일을 하려고 힘쓰지 아니하나이다."

비전을 가진 그리스도인은 믿음의 눈으로 본다. 하나님을 믿는 믿음의 눈으로 미래를 보고, 사람을 보고, 사건을 보는 것이다. 그것이 비전이다. 이 세상에는 몽상을 하는 사람이 참 많다. 몽상은 꿈속의 생각, 실현될 가능성이 없는 생각을 말한다. 몽상가는 생각은 하지만 계획하지는 않는다. 몽상가는 말은 하지만 행함이 없다. 몽상가는 시작하지 않는다. 몽상가는 배우거나, 훈련 받거나, 지도 받는 것을 꺼린다. 노력하지 않는다. 몽상가는 고난을 회피하고, 힘든 일은 하지 않으려 하며, 오직 입으로 말만 잘한다.

그러나 비전을 가진 사람은 생각하고, 계획하고, 행동하며, 배움과 훈련과 지도를 착실히 수행한다. 믿음 안에서 비전을 가진 사람은 다르다. 말보다는 행동으로 실천한다. 기꺼이 배우고 훈련 받고 고난에 동참하기를 원한다. 한마디로 비전을 가진 자는 그 비전을 위한 정당한 대가를 치를 각오가 되어 있는 사람이다.

군에 입대할 때 나는 키가 작아 자격이 안 되는 줄 알면서도 헌병이 되고 싶은 마음에 지원하여 헌병 교육을 받았다. 훈련이라는 것이 남한산성 고지를 하루에 한 번씩 완전 무장한 상태로 다녀오는 것인데, 127명 중 선착순 30명만 안에 들어가 잠을 잘 수 있고 나머지는 다시 올라갔다 와야 했다. 마찬가지로 그다음에도 30명만 들여보내고 나머지는 또 훈련을 받아야 했다. 세 번째 올라가는 훈련병은 다음 날 아침 식사를 할 때나 내려오게 된다. 아무리 생각해 봐도 내가 불리한 조건임에 틀림없었다. 나보다 머리 하나만큼 더 큰 덩치들과 훈련을 받는 것 자체가 체격을 기준으로 볼 때 불공평한 일이었다. 그러나 나는 훈련 내내 한 번도 30등을 넘긴 적이 없었다. 얼마나 악바리처럼 악착같이 훈련을 받았던지 그 열정과 투지로 헌병 생활을 무사히 마칠 수 있었다. 또 목회자로 여기까지 온 것도 그런 비전을 향해 전력투구하는 열정이 있었기 때문이라고 생각한다.

세계를 움직이는 사람들은 어릴 때부터 꿈을 키운 경우가 많다. 골프의 황제라고 하는 타이거 우즈는 두 살 때부터 골프를 쳤다고 한다. 그 모습을 담은 동영상도 공개되어 있다. 우리 중에는 비전과 전혀 관계없이 끌려다니는 사람(stranger)이 있는가 하면, 비전에 끌려다니는 사람(follower)이 있다. 자신의 비전을 성취하는 사람(achiever)이 있는가 하면, 자신의 비전을 성취하고 다른 사람에게 비전을 심는 자(leader)가 있다. 우리 모두는 비전을 현실로 만들 수 있는 사람들이다. 이 시대에 우리에게 주신 비전의 의미를 이해하고 성취하는 자 그리고 비전을 심는 자가 되어야 한다.

Chapter 05

긍정의 언어로 자신을 대하라

> 사람은 입에서 나오는 열매로 말미암아 배부르게 되나니
> 곧 그의 입술에서 나는 것으로 말미암아 만족하게 되느니라
> _ 잠언 18:20

톰 래스는 『당신의 물통은 얼마나 채워져 있습니까』라는 책에서 우리의 생각과 말이 사람들에게 얼마나 큰 영향을 미치는지를 강조하고 있다. 그는 긍정의 말로 사람들을 격려할 때는 그 사람 안에 있는 물통이 채워지는 반면 비난과 비평의 말로 대하면 물이 메마르게 된다고 말한다.

한국 전쟁이 끝난 직후 윌리엄 메이어 중령은 북한군에게 포로로 잡혀 구금되었던 1천여 명의 미군들을 대상으로 연구를 시작했다. 미군 포로들에게는 음식과 식수, 숙소가 제공되

었고, 다른 전쟁에서라면 일상적으로 행해졌던 손톱 아래에 대나무 가시를 박아 넣는 고문 같은 것도 없었다. 한국 전쟁 당시 북한군 포로수용소에서는 포로에 대한 신체적 학대가 극히 적은 편이었다. 메이어 중령은 그런데도 왜 그렇게 많은 군인들이 수용소에서 죽어 갔는지에 대해 연구를 한 것이다. 그러던 중에 자포자기병(극단적인 절망)이라는 새로운 질병을 발견했는데, 나중에 의사들이 이와 같은 증상을 '미라스무스'라고 명명했다. 북한군은 포로들에게 온갖 자아비판과 밀고를 강요했고 긍정적 감정을 일으키는 모든 요인을 차단했다. 결국 마음 안에 있는 긍정의 물을 다 소진시킴으로써 죽음에 이르게 했음을 밝혀낸 것이다.

긍정의 언어는 사람을 변화시키고 생기를 준다. 미국 노동부의 자료에 의하면 사람들이 회사를 떠나는 가장 큰 이유가 '자신을 인정해 준다는 느낌을 받지 못하기 때문'이라고 한다. 빌리 그레이엄 목사는 20세기가 낳은 세계적인 부흥 목사였다. 그러나 그도 어려서는 동네 사람들의 눈살을 찌푸리게 하는 골칫덩이였다고 한다. 그런 그를 보며 사람들은 "저 아이는 도대체 커서 뭐가 되려나?" 하고 머리를 흔들었다. 그러나 그의 할머니만은 달랐다. 개구쟁이 손자의 머리를 쓰다듬으며

"너는 말을 잘하고 사람을 이끄는 재주가 있단다. 개성을 잘 살리면 크게 될 거야!"라고 말씀하시곤 했다. 그 말 한마디가 그에게 용기를 주고 그의 인생을 바꾸어 놓았다. 할머니의 칭찬을 통해 그레이엄 목사는 세계적인 부흥사로 성장하게 된 것이다.

우리도 이렇게 긍정과 믿음과 희망의 언어로 다른 사람들의 물통을 채워 주어야 한다. 그리스도인의 긍정적 언어는 서로에게 소망을 심어 주고 힘을 주지만, 율법적이고 정죄형인 언어는 다른 사람들의 영적 물통에 담긴 물을 마르게 할 수도 있다.

한 설문 조사에 의하면 사람들이 가장 듣고 싶은 말의 1위는 '너는 할 수 있다.'라고 한다. 그러므로 이웃에게 격려와 용기의 말로 힘을 주는 것은 매우 중요하다. 우리 모두는 긍정과 부흥에 대한 언어를 통해 하나님이 원하시는 미래를 창조해 가야 한다. 부정적인 생각에 사로잡힌 교회가 있다면 성도들이 함께 모여 긍정의 언어로 상대방을 인정하고 칭찬하는 시간을 갖게 하라. 교회의 목표를 함께 시인하고 선포하며 비전을 향해 나아가라. 갈등과 문제가 많고 침체되는 교회는 성도들의 말이 문제인 반면 역동적인 교회는 교인들의 언어에 생명력이 넘치는 경우가 많다.

1932년 180명의 젊은 여성들이 미국에서 수녀로 첫발을 내딛는 감격적인 순간에 그들에게 자신의 삶을 소개하는 간증문을 쓰도록 한 일이 있다. 그로부터 70여 년이 지난 후 심리학자들이 그 글들에 쓰인 단어와 문장을 토대로 각 간증문에 긍정적인 정서가 얼마만큼 표현되어 있는지를 분석했다. 그 결과 '매우 행복한' 또는 '정말 기쁜'과 같은 긍정적인 단어를 많이 사용한 사람의 상위 25% 가운데 90%가 넘는 수녀들이 85세까지 장수하고 있었고, 반대로 자신이 얼마나 행복하고 기쁜지를 말로 표현하지 않은 하위 25% 중에서는 겨우 34%만이 생존해 있었다고 한다. 따라서 기쁨, 행복, 감동, 설렘, 감사, 즐거움, 웃음, 만족 등의 단어를 우리의 삶 속에 넘쳐나도록 많이 사용할 필요가 있다.

사업을 하든, 직장을 다니든, 어디서 무엇을 하든 간에 우리는 격려와 칭찬을 받는 일보다는 그렇지 않은 경우가 많다. 그래서 알게 모르게 자기 자신을 부정적으로 대하는 경우가 생기게 된다. '난 재능이 부족해. 영리하지도 못해. 독창성도 없어. 너무 늦었어.' 등과 같은 꼬리에 꼬리를 무는 부정문으로 자신을 묘사하기에 여념이 없다면 과연 어떻게 해야 하는가? 이런 상황을 벗어나지 못한다면 자신의 역량을 제대로 발휘하기 어렵다. 그러므로 인생에서 자신의 목표를 뛰어넘는 세계를 지향하는 사람이라면 우선 자신을 긍정문으로 묘사하는 데 익숙해져야 한다. 그렇다면 그 방법은 무엇인가?

자신에게서 나오는 말을 통제할 수 있어야 한다. 부정문을 가능한 한 긍정문으로 대체하는 노력을 해보자. 자기가 자주 사용하는 언어를 유심히 살펴보라. 이따금 잠재의식이 내뱉는 불쾌한 말들에 놀랄 것이다. 그것들을 하나하나 차근차근 적어 보면 개인적으로 가지고 있는 부정적인 믿음의 실체가 드러난다. 바로 그것들이 우리의 창조성을 억압하고 있다.

당신의 생활 곳곳에 문제가 있다면 어떤 언어가 사용되고 있는지 점검해 보라. 언어 컨설팅은 곧 영적 컨설팅이 될 수 있다. 베드로전서 4장 11절의 말씀처럼 "만일 누가 말하려면 하나님의 말씀을 하는 것같이" 해야 한다.

하나님은 온 우주를 말씀으로 창조하시고 사람의 언어에도 엄청난 권세를 주셨다. 그리스도인이 하나님이 말씀하시는 것처럼 말하려고 노력한다면 교회의 영적인 물통에 생명의 샘물이 흘러넘치게 될 것이다. 격려와 칭찬, 그리고 믿음의 언어는 사람들의 물통을 채워 줌으로써 엄청난 변화를 가져올 수 있다.

Chapter 06
긴장을 유지하라

사람이 교만하면 낮아지게 되겠고
마음이 겸손하면 영예를 얻으리라
_ 잠언 29:23

최근 한국 야구가 많은 사람들로부터
인기를 누리고 있다. 야구장이 가족 나들이 장소나 연인들의
데이트 코스로 각광 받을 만큼 큰 사랑을 얻고 있다. 야구가
사람들의 마음을 끄는 데는 분명 여러 가지 이유가 있을 것이
다. 그중에서도 마지막까지 승부를 예측할 수 없는 박진감이
가장 큰 매력이라고 생각한다. 야구뿐 아니라 모든 운동 경기
의 묘미는 이처럼 아무도 예측할 수 없는 반전에 있다.

실제로도 운동 경기를 보면 초반에는 부진하다가 후반부에
분발하여 승리를 얻는 경우가 많다. 반대로 처음에 조금 앞서

게 되면 긴장을 늦추고 흥분하게 되어 경기력이 떨어지면서 힘겹게 끌려다니다가 운이 좋으면 겨우 진땀승을 얻기도 하고, 최악의 경우에는 다 이긴 경기를 마지막 순간에 내주는 경우도 종종 발생한다. 축구 경기를 예로 들면, 전후반 90분을 이겼다 할지라도 잠깐의 방심으로 인저리 타임에 역전패를 당해 다 잡은 승리를 놓치는 경우가 있다. 의외로 비일비재한 일이다. 2002년 월드컵에서 우리 국민들이 한국과 이탈리아의 경기를 명승부로 꼽는 이유는, 전후반 내내 힘겹게 시합을 이어 가다가 연장 후반전에 터진 안정환 선수의 골든골로 얻은 역전승이었기 때문이다.

그래서 최고로 인정받는 선수일수록 매 순간 tension, 즉 긴장을 잃지 않기 위해 노력한다. 스포츠 스타 중에 너무 어린 나이에 일찍 성공한 경우는 특별히 더 조심해야 선수 생명이 오래 유지되고 성장한다. 많은 경우 출세와 성공이 주는 독소를 제대로 관리하지 못해 방탕한 생활로 스캔들을 일으키게 된다. 맨체스터 유나이티드의 산소 탱크 박지성은 기자들 사이에서 가장 인터뷰하기 어려운 선수로 꼽힌다. 그런 그가 어느 인터뷰에서 자신의 인터뷰 기피증에 대해 이런 말을 했다고 한다. 이 한마디로 그가 계속해서 성공 가도를 달리는 이유를 짐작할 수 있었다.

"저는 축구는 잘하고 싶은데, 유명한 사람이 되고 싶지는 않습니다."

'유명한 사람이 되고 싶지는 않다.'라는 말 속에서 자신의 축구 인생에 아직 최고의 때는 오지 않았다는 긴장감이 묻어 있음을 느낄 수 있었다. 인생도 마찬가지가 아닐까? 하나님 앞에 선 모든 인생은 구원의 완성을 이룰 때까지 긴장 속에서 살아가고 있다. 하나님 나라가 이미(already) 내 마음에 이루어 졌지만 아직(not yet) 완전한 의미의 구원이 이루어지지 않았음을 알아야 한다. 바다에서 잡은 활어를 도시까지 싱싱하게 운반하기 위해서는 수족관에 천적을 풀어 두어야 한다. 그러면 천적이 활어 한두 마리 정도를 먹어 치우긴 하지만 나머지는 잡아먹히지 않으려고 도망을 다니는 통에 생선의 신선도를 유지할 수 있다고 한다. 우리 역시 건강한 인생을 위해 긴장감을 유지하는 법을 배워야 한다.

사도 바울이 이런 긴장감을 유지하기 위해 노력했던 흔적을 성경에서 엿볼 수 있다. 그는 자기가 복음을 전하는 사도가 되어 다른 사람은 구원 받게 하고, 정작 자기 자신은 하나님 앞에서 버림받는 것이 아닌가 하여 두렵다고 고백했다. 기독교의 토대를 만든 위대한 전도자 바울의 고백이라기에는 왠지

어울리지 않지만, 사실 이것이야말로 바울이 바울 될 수 있었던 위대한 고백이다. 이러한 긴장이 바울 스스로를 더욱 채찍질하게 만들었고 하나님 앞에 순수함을 잃지 않도록 해준 것이다.

"나는 비천에 처할 줄도 알고 풍부에 처할 줄도 알아 모든 일 곧 배부름과 배고픔과 풍부와 궁핍에도 처할 줄 아는 일체의 비결을 배웠노라(빌립보서 4:12)."

최후에 승리를 얻는 인생이 되고자 한다면 모든 상황 속에 우리를 해치는 사탄의 가시가 숨어 있음을 알아야 한다.

마찬가지로 축복 속에도 독소가 있음을 잊어서는 안 된다. 햇빛은 생명을 주는 원동력이 되기도 하지만 지나친 햇빛은 땅을 사막으로 만드는 법이다. 그러므로 성도가 성도로 남기 위해서는 한곳에 머무는 것을 곧 죽음으로 여겼던 유목민들처럼 끊임없이 더 높은 곳을 향한 거룩한 발걸음을 내디뎌야 한다. 왜냐하면 인생은 9회 말 투 아웃에서도 얼마든지 역전될 수 있기 때문이다.

구약 성경 다니엘서에 주인공으로 등장하는 다니엘은 입지전적인 인물이다. 소년 시절 바벨론에 포로로 끌려간 그는 제국의 통치에 필요한 요원들을 육성하기 위해 세워진 왕궁 학교의 학생으로 뽑혔다. 그 후 그는 평생에 걸친 각고의 자기 관리를 통해 총리직까지 오를 수 있었다. 그것도 한 번이 아니라 각각 다른 왕 밑에서 세 번이나 발탁되었던 탁월한 인물이었다. 노예 신분으로 식민 지배국의 총리가 된 것은 기적과도 같은 일이다. 그런 축복 속에서도 한결같은 마음가짐을 유지할 수 있었던 것은 철저한 자기 관리 때문이었다. 다니엘은 10대 소년이었을 때 이미 평생에 걸친 자기 관리의 뜻을 정했다. 그 내용은 성경에서 세 가지로 나타난다.

첫째로 왕궁에서 제공되는 기름진 음식들을 피하고 담백한 채식 중심으로 살 것을 다짐했다. 둘째로 바벨론 제국의 각지에서 모여드는 술은 입에 대지 않기로 다짐했다. 셋째로 예루살렘이 있는 하늘 쪽 창가에서 하루 세 번씩 여호와 하나님을 향해 기도하기로 다짐했다.

다니엘은 소년 시절부터 이 다짐을 지키는 일에 목숨을 걸었다. 우리가 아는 대로 훗날 그가 총리직에 오른 이후 그를 시기하는 정적들이 그를 제거하기 위해 음모를 꾸몄다. 한 달 동안 제국의 왕이 아닌 다른 신에게 기도하는 자는 사형에 처한다는 특별법을 제정하여 공포한 것이다. 매일 세 차례씩 고국을 향해 열린 창가에서 기도를 드리는 다니엘을 잡으려는 함정이었다. 그러나 다니엘은 죽음을 각오하고 평생토록 지켜 온 자기 관리의 기준을 허물지 않았다. 다니엘의 성공은 이와 같은 철두철미한 자기 관리로부터 비롯된 것임을 가슴에 새겨야 할 것이다.

"다니엘이 이 조서에 왕의 도장이 찍힌 것을 알고도 자기 집에 돌아가서는 윗방에 올라가 예루살렘으로 향한 창문을 열고 전에 하던 대로 하루 세 번씩 무릎을 꿇고 기도하며 그의 하나님께 감사하였더라(다니엘 6:10)."

Chapter 07
염려투성이 생활에서 벗어나라

마음의 즐거움은 얼굴을 빛나게 하여도
마음의 근심은 심령을 상하게 하느니라
_ 잠언 15:13

죽음의 전령이 어떤 사람을 찾아와 "오
늘 해가 지기 전에 당신의 마을에서 백 명의 사람을 데려갈 것
이다."라고 말했다. 그 사람은 죽음의 전령보다 먼저 마을로 달
려가서 모두에게 그 일에 대해 경고해 주었다. 해가 떨어지자
그 사람에게 다시 죽음의 전령이 나타났다. 그는 항의했다.

"분명 백 명의 목숨만 가져간다고 하지 않았소? 그런데 왜
천 명의 사람들이 죽은 것이오?"

죽음의 전령이 대답했다.

"나는 내 말대로 백 명의 목숨만을 거두었다. 나머지는 걱

정이라는 놈이 한 일이다."

이 세상 그 누구도 걱정이나 염려를 전혀 하지 않는 사람은 없다. 어떤 사람은 걱정을 "the official emotion of our age"라고 하여 우리 시대의 공식적 감정이라고 말했다. 걱정이란 인류의 존재 역사만큼이나 오래된 인간 공통의 감정이다. 그렇다 해도 요즘처럼 걱정거리가 많은 시대도 드문 것 같다. 그러나 그 걱정과 염려의 본질을 이해하고 원인을 잘 분석하면 해결 방법도 나오기 마련이다. 그리고 그 방법을 올바로 익히고 잘 적용하면 더 쉽게 문제점을 극복하고 지금보다 훨씬 평화로운 삶을 살아갈 수 있다. 특히 하나님의 말씀은 이렇게 피할 수 없는 걱정과 염려라는 삶의 현실로부터 우리를 자유하게 하는 능력과 권세를 체험하게 해준다.

우리의 염려투성이 생활 방식에 대해 예수님은 세상일로 그렇게 바빠서는 안 된다고 말씀하시지 않는다. 그 대신 무게 중심을 옮기고, 관심의 초점을 고치고, 우선순위를 바꾸라고 명하신다. 예수님은 우리가 '많은 것'에서 '한 가지 꼭 필요한 것'으로 옮겨 가기를 원하신다. 여기서 우리가 깨달아야 할 중요한 사실이 있다. 예수님은 우리가 이 복잡다단한 세상을 떠나길 원하시지 않는다는 것이다. 오히려 우리가 그 안에서 살되 모든 것의 참중심에 확실히 뿌리를 내리길 원하신다. 마음을 바꿀 것을 말씀하신다. 이 마음의 변화가 겉으로 보기에는 차이가 없는 것 같아도 실은 모든 것을 달라지게 한다. 그것이 바로 "너희는 먼저 그의 나라와 그의 의를 구하라 그리하면 이 모든 것을 너희에게 더하시리라."라는 말씀의 의미다. 중요한 것은 우리의 마음이 어디에 있느냐는 것이다. 예수님은 우리 마음을 존재의 중심으로 옮기라고 명하신다. 다른 모든 것은 바로 거기에서 제자리를 찾는다.

그렇다면 이 중심은 무엇인가? 예수님은 그것을 그의 나라, 당신의 아버지의 나라라고 부르신다. 아버지의 나라를 구하는 마음은 또한 영적인 삶을 구하는 마음이다. 그러므로 그의 나라를 구한다는 것은 개인적으로나 공동체 안에서나 성령의 삶을 우리의 모든 생각과 말과 행동의 중심으로 삼는다는 뜻이다.

한 연구 보고서에 의하면 현대 사회의 심각한 첫 번째 정신 질환이 바로 '걱정 또는 염려'라고 한다. 심지어 염려는 가장 치사율이 높은 악성 바이러스라고도 말한다. 실제적인 예로, 제2차 세계 대전 당시 전쟁으로 인해 죽은 미국 청년의 수가 30만 명이었는데 아들과 남편을 전장에 보내고 염려와 불안 가운데서 심장병으로 죽은 사람은 무려 100만 명이 넘는다는 기록이 있다. 도가 지나친 걱정과 염려는 이토록 치명적인 악

영향을 미친다.

아직도 눈에 선한 잊지 못할 목사님 한 분이 있다. 구미상모 교회에 부임하여 은혜 속에서 성장해 가던 어느 날 네 장의 편지를 받게 되었다. 볼펜으로 써내려간 편지지에는 군데군데 이상한 얼룩이 묻어 있었다. 나는 별생각 없이 편지를 읽기 시작했다. 이윽고 나는 편지에 묻은 얼룩이 눈물자국이라는 것을 알게 되었다. 내 눈에도 어느새 눈물이 고였고 이내 가슴이 저며 왔다. 편지의 내용은 대략 이랬다.

목사님, 지금 밖에 비가 내리고 있습니다.

가을비를 보면서 내가 저 비를 다시 맞을 수 있을까 하는 생각에 잠기며 펜을 들었습니다.

촌에 있는 목사라 주님만 바라보며 걸어왔던 세월, 암으로 고생이 심한 저를 이제 주님이 부르시는 모양입니다.

어디 의지할 데도 없고 기댈 데도 없습니다. 아픈 가슴 울다 지쳐 목사님께 글을 올립니다.

이제 병원에서 나갈 수도 없습니다. 모진 목숨 그래도 살아 보겠다고 몸부림치다가 지금의 이 병원까지 왔는데 벌써 병원비가 400만 원이나 쌓였습니다.

비 오는 창밖을 내다보며 한없는 눈물을 흘리다가 절망 끝에 이 편지를 씁니다.

목사님, 염치없지만 병원비를 부탁드립니다. 죽더라도 퇴원 후 교회에 가서 죽어야 하지 않겠습니까!

눈물겨운 편지 내용에 가슴이 미어져 얼굴을 감싸고 한참 동안 울었다. 무슨 수를 써서라도 이 목사님을 살려야겠다고 생각했다. 그래서 주일 오후 예배 시간에 전 성도 앞에서 편지를 읽고 십시일반 힘을 모았다. 그렇게 성도들의 헌금으로 마련한 400만 원으로 목사님의 퇴원을 도울 수 있었다. 그러나 그 목사님은 결국 3개월을 넘기지 못하고 하나님 곁으로 떠났다. 왜 젊은 목사가 목회도 한번 제대로 못 해보고 몹쓸 병에 걸려 아내와 어린 아들을 두고 일찍 가야 했는지 궁금해졌다.

나중에 들어보니 언젠가 교회 마당에서 많은 성도들이 지켜보는 가운데 한 장로님께 뺨을 맞았다고 한다. 그렇게 표면에 드러난 사건만으로도 그분의 목회가 얼마나 힘들었을지 같은 목회자로서 짐작하고도 남았다. 남몰래 속병을 앓고 있었던 그 목사님은 극심한 스트레스를 받아 왔고 그것이 결국 암의 원인이 되었던 것 같다. 이처럼 스트레스, 즉 마음의 근심은 심령을 상하게 할 뿐 아니라 육체까지 병들게 하여 한 사람을 죽음에 이르게 할 수도 있다.

한 인디언 소녀가 할아버지 인디언에게 조그만 목소리로 고민을 털어놓았다.

"엄마가 소중히 여기시는 물건을 망가뜨렸어요. 제가 그랬다고 말씀드려야 하는데 엄마가 화를 내실 것 같아 사실대로 말할 용기가 나지 않아요."

할아버지는 주름진 얼굴에 미소를 지으며 주머니에서 작은 물건 하나를 꺼내 소녀의 손 위에 올려놓았다.

"애야, 오늘 밤 잠자리에 들기 전에 그 인형에게 사실을 고백하면서 엄마에게 혼나지 않게 해달라고 기도하렴. 그러고 나서 인형을 베개 밑에 넣고 자면 네가 잠든 사이에 인형이 네 걱정을 덜어 주러 엄마에게 다녀올 거란다."

소녀가 믿을 수 없다는 표정으로 바라보자 할아버지는 "우리 부족 사람은 누구나 이 인형을 하나씩 갖고 살면서 걱정거리가 있으면 내가 말한 대로 한다. 그러면 모든 일이 잘 해결된단다."라고 말하며 소녀를 안심시켰다. 그러자 안도의 한숨을 내쉬며 소녀의 표정이 금세 밝아졌다.

과테말라의 고산 지대에 사는 인디언들에게는 '걱정 인형'이 전해 내려온다고 한다. 어떤 문제나 고민이 있으면 잠들기 전 인형에게 말한 뒤 베개 밑에 넣고 자는데, 잠든 사이에 인형들이 주인의 걱정거리나 고민거리를 멀리 내다 버린다고 믿는 것이다. 1.5센티미터의 이 작은 걱정 인형은 어떤 문제가 있을 때 후회하고 고민하느라 시간을 허비하고 쓸데없는 걱정에 사로잡혀 마음 졸이며 사는 것을 막고자 하는 지혜가 담겨 있다. 우리도 걱정과 고민을 잠재울 '걱정 인형'을 하나씩 만들어야 하는 것일까?

믿음의 사람이라면 전혀 그럴 필요가 없다. 설사 만든다 해도 그 걱정 인형은 우리의 걱정과 염려를 해결해 주지 못한다. 오직 하나님의 말씀이 제시해 주는 방법을 따를 때 걱정과 염려로부터 자유를 누리는 평안의 삶을 살게 된다. 그 첫 번째 방법은 능력과 은혜의 하나님을 바라보는 것이다. 두 번째는 나 자신의 작은 한계를 뛰어넘는 믿음을 갖는 것이다. 하나님을 기대하는 것이다. 세 번째는 모든 것을 책임지시고 담당하시는 여호와께 기도하는 것이다. 네 번째는 내가 할 수 있는 일을 철저하게 미리미리 준비하는 것이다. 삶의 우선순위를 바꾸고 하나님의 말씀이 주는 방법 안에 있을 때 비로소 걱정과 염려에서 해방된 자유와 행복을 맛보게 될 것이다.

"너희 염려를 다 주께 맡기라 이는 그가 너희를 돌보심이라 (베드로전서 5:7)."

Chapter 08

자신을 용서하는 법을 배우라

·

·

·

나를 잃는 자는 자기의 영혼을 해하는 자라
나를 미워하는 자는 사망을 사랑하느니라
_ 잠언 8:36

자신을 용서한다는 것은 자신을 자유롭게 한다는 뜻이다. 우리는 살아가면서 고의든 실수든 많은 죄를 짓게 된다. 그럴 때마다 자기의 행동과 일을 처리한 방법에 대해 스스로를 비난할 수도 있고, 자기에게 화를 낼 수도 있으며, 자신을 용서한다는 것은 잘못과 실수를 인정하는 것이라고 여기면서 거부감을 느낄 수도 있다. 그러나 필요할 때 자기 자신을 용서하지 않는다면 상황은 더 나빠질 뿐이다.

또한 자신을 용서한다는 것은 기분 나쁜 장소를 떠나고, 더 이상 도움이 안 되는 관계를 끊고, 끊임없이 자신에게 고통과 슬픔을 주는 상황을 피할 수 있다는 뜻이다. 지난날의 실수를 마음에 품고 살아갈 필요는 없다. 위안과 기쁨을 미리 포기할 필요 없이 이렇게 말하면 된다.

"난 실수를 했어. 그건 내게 좋지 않은 일이야. 그런 실수는 다시는 하고 싶지 않아. 그건 분명 잘못된 일이야."

이렇게 말하고 자기 자신을 용서하라. 당신이 무엇인가 잘못을 했다면 자기 자신을 용서하라. 혹은 아무 잘못도 저지르지 않았더라도 자신을 용서하라. 그저 자신을 용서하라. 그리하면 자유로워질 것이다.

만일 부모를 미워한다면 어느 정도 자기 증오로 갈등하고 있을 확률이 높다. 부모를 사랑한다면 자기 자신에 대해 더 나은 느낌을 갖고 있을 것이다. 그러므로 역기능 가정의 성인 아이로서 부모를 용서할 필요를 느낀다면 자기 자신 또한 용서할 필요를 느낄 것임은 당연한 이치다.

부모가 자녀에게 실패한 부모임을 받아들이게 하는 것은 매우 힘든 일이다. 심지어 그렇게 하는 것이 잘못된 일처럼 보일 수도 있다. 성경은 부모를 공경해야 한다고 가르치지 않는가. 그러나 그 말씀의 의미는 삶에 있어 부모로서 그들에게 주어진 위치에 적합한 '비중'을 부여하라는 뜻이다. 부모가 어떤 형태로든 자녀에게 실패하고, 상처를 주고, 손상을 입힌 부분이 있음을 인정하는 것은 공경하지 않는 것이 아니라 건강한 행위다. 특히 우리가 그들을 용서하기 위해 그렇게 할 때는 더욱 그렇다. 현실을 부인하고, 용서의 가능성을 없애고, 자신을 역기능적인 사고와 행동 양식 속에 묶어 버리는 사람은 부모나 자신을 존중하지 않는 것이다. 과거에 대한 진실로부터 자신을 가두려는 사람은 이런 증상들이 있다.

❖ 자신에게 상처가 있다는 것을 부인한다.
❖ 자신의 부모에 대해 변명한다.
❖ 자기 자신에게 잘못을 돌린다.
❖ 표면적인 용서를 한다.
❖ 용서할 필요가 있다고 제안하는 사람들을 공격한다.

사람에게는 부모를 보호하려는 강한 본능이 자리 잡고 있다. 그들에게 화가 나거나, 무조건적인 사랑이나 헌신 외의 다른 감정을 느끼면 잘못된 것이라고 믿는다. 그러나 역기능 가정에서 성장한 경우의 외상적인 기억들은 그대로 지니고 살기 어려운 것이다. 그것을 용서하기 위해서는 먼저 가능한 한 많은 고통을 인정하고 받아들여야 한다. 그리고 상처를 놓아 보내려면 어린 시절에 느낀 그대로 상처를 느낄 필요가 있다. 부모를 객관적으로 볼 수 있는 수준까지 나아갈 때 용서의 과정을 시작할 수 있다. 그렇게 하는 가운데 우리 역시 자신이 실패한 부분을 더 분명히 보게 될 것이다. 그러고 나서 자신을 용서하는 과정을 시작해야 한다.

대부분이 다른 사람을 용서하는 법을 배우는 것이 자신을 용서하는 법을 배우는 것보다 훨씬 쉽다고 여긴다. 사람은 자신보다 타인에게 더 많은 연민을 느낀다. 만일 우리가 좋지 않은 일이 일어날 때마다 다른 사람을 탓하도록 가르치는 역기능 가정에서 자라났다면 자신을 용서하는 것이 특히 더 어려울 것이다. 우리가 자신에 대해 붙들고 있는 정서적인 차용 증서는 다른 사람들에 대해 붙들고 있는 것만큼이나 실제적이며 파괴적이다.

다른 사람에게 베푸는 용서는 우리에게 베푸신 하나님의 용서에서 비롯된다. 그리고 우리의 용서는 자신의 용서 받음에서 흘러나온다. 자기 자신을 용서하는 과정을 간단히 살펴보면 첫째로 손상을 인식하고, 둘째로 연관된 감정을 파악하고, 셋째로 감정을 표현하고, 넷째로 자신을 보호하기 위해 경계선을 설정하고, 다섯째로 빚을 청산하는 것이다.

하나님은 우리 각자에게 한없는 가치와 진가를 책정해 주셨다. 우리를 창조하시고, 우리를 위해 아들을 보내어 죽게 하셨다. 하나님의 은혜는 항상 충만하여 차고 넘친다. 하나님의 용서는 항상 부족함이 없다. 아무리 자신이 가치 없고 사랑스럽지 않다고 느껴져도 하나님은 우리를 사랑하신다. 우리가 용서 받았기 때문에 우리에게 죄를 지은 사람들을 용서하는 것은 당연한 의무다. 거기에는 예외가 없다. 자기 자신까지도 말이다.

우리의 일부분은 과거에 매여 있기 때문에 용서 없이는 완전해질 수 없다. 치유로 들어가는 첫 번째 단계는 관대함을 키우는 것이다. 고통에 얽매이면 분노와 원한이 강해지고 지속된다. 그러나 이 상태는 다른 사람이 아닌 자신에게 상처를 준다. 관용이 부족하면 내면을 좀먹는 죄의식과 상처와 분노가 남게 되고 마음의 주위에 담을 쌓게 된다. 이는 과거에 머물게 하고 변할 수 있는 힘을 제한한다. 용서는 마음의 문을 열게 하지만 관용이 부족하면 그 문은 닫혀 버린다.

또한 용서는 수문이 열린 댐과 같이 과거를 흘려보낸다. 이런 식으로 에너지가 방출되고 나면 마음이 좀 더 가벼워지고 자유로워진다. 이 과정은 고통으로부터 우리를 해방시킨다. 용서는 타인을 과거의 모습도 아닌, 미래의 모습도 아닌, 우리가 원하는 모습도 아닌 지금 모습 그대로 바라보는 것이다.

다른 사람을 용서하는 것 못지않게 자신을 용서하는 것도 중요하다. 진심으로 치유되기를 원한다면 내면의 고통과 함께 해야 한다. 자신을 용서한다는 것은 우리가 한 행동에 대해 책임을 회피한다는 의미가 아니며 죄책감을 부인하는 것은 더더욱 아니다. 단지 우리의 인간성을 인정하고 상처 받기 쉬운 존재라는 사실을 완전히 받아들일 때 비로소 용서할 수 있다. 과거의 행동과 말들, 그리고 그 외의 모든 것에 대해 자신을 용서하라. 올바르게 이해하지 못하는 현재의 매 순간 속에서 자기 자신을 용서하라. 자신을 용서한다는 것은 연약하고 실수 많고 무력한 모습까지도 인정하면서 자신을 있는 그대로 받아들이는 것을 의미한다. 감정적으로 벌거벗은 상태에서 고통, 두려움, 질병, 부끄러움을 포함한 우리 존재의 모든 부분을 용서해야 한다.

자신을 더 많이 용서하고 고통으로부터 자유로워질수록 다른 사람을 더 많이 사랑할 수 있다. 용서는 결코 쉽게 이루어지지 않는다. 그러므로 더더욱 용서를 실천하고 위탁하며 자신에게 성실해야 한다. 심장을 열고 그 안에 사랑을 채워야 한다. 결과적으로 용서는 벽을 허문다. 그리고 자유롭게 춤추게 하고 다시 사랑하게 한다. 용서는 자기 자신에게 선물할 수 있는 가장 큰 축복이다.

Chapter 09

남은 것이 없을 때도 낙심하지 말라

대저 의인은 일곱 번 넘어질지라도 다시 일어나려니와
악인은 재앙으로 말미암아 엎드러지느니라
_ 잠언 24:16

수많은 사람들이 오늘도 앞을 향해 달려간다. 더러는 넘어지는 사람도 있고 더러는 앞질러 가는 사람도 있다. 그러나 미리 결과를 단정 지을 필요는 없다. 넘어진 사람이 낙심할 필요도, 앞서 달리는 사람이 우쭐할 필요도 없다. 중요한 것은 누가 조금 앞서느냐가 아니라 누가 최후의 승자가 되느냐.

누군가 링컨에게 이렇게 물었다.

"당신은 어떻게 해서 이렇게 존경 받는 사람이 되었습니까? 그 비결이 무엇입니까?"

그러자 링컨은 미소를 띠며 말했다.

"그것은 제가 다른 사람들보다 더 많은 실패를 경험했기 때문입니다."

실패를 하면 누구나 처음에는 낙심하기 마련이다. 중요한 것은 낙심 다음에 오는 절망과 좌절이 아니라 희망을 받아 줄 수 있는 대범함이다.

중국에는 '모소'라는 대나무가 있다. 이 대나무는 5년 동안 땅 위로 전혀 솟아오르지 않고 땅속에서 사방으로 뿌리만 퍼져 나간다고 한다. 그래서 대부분이 이를 답답해 하며 심지어 어떤 사람들은 아예 뽑아 버리기도 한다. 그런데 이렇게 5년이 지난 다음 해부터는 갑자기 자라기 시작해서 불과 6주 만에 15미터 이상이 자란다고 한다.

우리의 인생도 마치 '모소'와 같다. 지금 당장은 아무런 성과도 없고 결실도 없는 것 같아 보이지만 때가 차면 우리 안에 쌓인 내적 영양분이 우리를 성장하게 만든다. 그 때가 될 때까지 포기하지 않고 인내하며 매일의 삶을 성실히 살아나가는 사람만이 영광을 체험할 수 있는 것이다.

당신이 선택했던 마지막 도전은 무엇인가? 나폴레옹은 수

필가로서 실패했으며 셰익스피어는 양모 사업가로서 실패했다. 링컨은 상점 경영인으로서 실패했고 그랜트는 제혁업자로서 실패했다. 그러나 그들 중에 어느 누구도 포기는 하지 않았다. 다른 분야로 옮겨가 자신에게 맞는 일을 찾아 노력했으며 결과는 우리가 알고 있는 그대로다.

하나님은 전혀 부족함이 없음을 아는 사람들은 실제로 어떤 것을 잃든지 결코 개의치 않는다는 견해가 있다. 과연 하나님의 백성은 절대 낙심하지 않으며 자비와 인내가 바닥나지 않을까? 그러나 성경을 보면 그 말이 사실이 아님을 알 수 있다. 다음의 상황들을 생각해 보자.

❖ 아담은 옷이 없었고, 아벨은 숨이 끊어졌다.

❖ 아브라함은 용기를 잃었고, 하갈은 희망을 잃었다.

❖ 모세는 인내심이 없었고, 여호수아는 싸우러 나갈 전투가 없었다.

❖ 갈렙은 산지를 잃었고, 기드온은 판단력을 잃었다.

❖ 이스라엘은 노래를 잃었고, 예레미야는 두루마리가 바닥났다.

❖ 요나는 하나님의 뜻을 어겼고, 그때 고래는 먹이가 바닥났다.

❖ 솔로몬은 지혜를 잃었고, 엘리야는 힘을 잃었다.

❖ 스가랴는 말씀을 잃었고, 요셉은 베들레헴을 떠났다.

❖ 한 여인은 물이 바닥났고, 많은 무리는 먹을 떡이 없었다.

우리말큰사전에 보면 낙심(落−떨어질 락, 心−마음 심)이란 '바라던 일이 이루어지지 않아 마음이 풀어짐'이라고 소개하고 있다. 낙망(落−떨어질 락, 望−바랄 망)이란 '희망을 잃음'이라고 정의한다. 히브리 어로 낙망은 '솨하흐'다. 이 말은 '풀이 죽게 하다, 구부리다, 누이다'라는 뜻이다. 병균에 감염되면 사람의 몸이 풀이 죽고 누운 채 꼼짝하지 못하는 것처럼 이 낙심에 마음이 감염되면 희망을 잃어버린다. 무기력해진다. 쉽게 포기한다. 사람도 만나기 싫다. 일하기도 싫다. 교회에 나오기도 싫다. 후회의 아픔에 사로잡힌다.

그렇다면 사람들은 왜 낙심하는가? 여러 가지 이유가 있을 수 있다. 기대에 어긋나는 결과 때문에 낙심한다. 어떤 결과가 이루어지기까지 기다리지 못해서 낙심하기도 한다. 사랑하는 사람을 잃었을 때 낙심한다. 사랑하는 것을 잃었을 때 낙심한다. 사랑하는 사람에게 실망했을 때 낙심한다. 꿈이 좌절된 것처럼 느껴지는 현실 앞에서 낙심한다. 선한 일을 행한 결과가 드러나지 않을 때 낙심한다. 기도 응답이 더디게 올

때 낙심한다.

당신이 기억해야 할 것은 지금 우리 모두가 타락한 세상에 살고 있다는 사실이다. 이것은 때때로 하나님의 백성조차 원천이 고갈된다는 것을 의미한다. 소유한 것이 없어서 완전히 바닥이 드러난 느낌이 들 때가 있다. 그리스도인도 불신자들과 마찬가지로 공허함이 어떤 느낌인지를 잘 알고 있다. 그러나 그들 사이에는 중요한 차이점이 하나 있다. 하나님은 그분의 백성에게 아무것도 없을 때 가득 채우기 위해 필요한 것을 주셨다. 그것은 우리 안에 계시는 하나님 자신이라는 놀라운 선물이다. 즉, 우리가 '성령'이라 부르는 하나님의 인격이다.

Chapter 10

매일매일 하나님의 거룩함을 닮아 가라

여호와를 경외하는 것은 생명의 샘이니
사망의 그물에서 벗어나게 하느니라
_ 잠언 14:27

하나님의 임재는 처음에는 갑작스럽게 찾아온다. 그러나 이후에 임하실 때는 우리의 갈급한 초청이 있을 때만 오신다. 당신은 하나님의 거룩함을 좇는 사람이 되기 위한 대가를 기꺼이 치를 준비가 되어 있는가? 토저는 하나님의 교회가 거룩함을 상실해 가는 것에 대해 매우 심각한 우려를 표했다. 그는 성도들의 신령한 삶에 대한 갈망과 동경이 세상의 세속주의에 밀려나고 있음을 보았다. 그런 환경에서는 부흥을 기대할 수 없다. 그러므로 우리는 하나님의 거룩함을 올바로 경외하고 취급하고 관리하는 법을 배워야 한다.

언약궤를 잃고 20년이 지나도록 사울 왕은 그것을 예루살렘으로 가져오는 일에 관심이 없었다. 다시 말해서 사울의 삶 속에 하나님을 경외하는 일에 대한 갈망이 없었던 것이다. 그러나 다윗은 달랐다. 그는 하나님의 임재가 예루살렘에 다시 찾아오는 것을 보고 싶은 열망에 불타올랐다. 역대상 13장에 보면 다윗은 이스라엘 왕이 되어 블레셋을 친 후 언약궤를 예루살렘으로 가져오기로 결정한다. 명백한 하나님의 임재의 증표가 임시 거처를 떠나 '그분의 영광이 속한 곳'으로 돌아온다는 점에서 그것은 '하나님의 이사'였다. 절대 자유하신 하나님이 상자 속으로 들어오신 것이다. 그렇다. 이것이야말로 은혜의 최상급이다. 온 우주를 창조하신 전능한 하나님이 인간이 만들어 놓은 작은 상자 안에 들어오신 것은 은혜라고 하지 않을 수 없다. 그렇게 하면서까지 하나님은 자신이 친히 백성으로 삼은 이들과 함께하길 원하신 것이다. 그들에게 하나님의 영광 안에 참여할 수 있는 기회를 주신 것이다.

성경에서 예루살렘은 교회의 모형과 그림자로 그려지곤 한다. 사도 바울은 "위에 있는 예루살렘"이 "우리 어머니"라고 했는데 그것은 교회를 비유한 말이다(갈라디아서 4:26). 이것은 영적 도성 내지 하나님의 거처인 교회다. 하나님은 온 세계가 볼 수 있도록 교회 안에 당신의 영광이 나타나기를 원하신다. 그러나 오늘날 많은 그리스도인들은 하나님의 영광과 임재를 누리지 못하는 예배에 익숙해져 있다. 아니, 그것을 너무 당연하게 여기고 있다. 기껏해야 그분의 희미한 냄새를 쥐어짜는 것이 고작이다. 그렇다면 왜 임재를 누리지 못하고 그분의 영광에 참여하지 못하는 것일까?

사무엘하 6장 3~10절을 보면 다윗과 그 일행은 하나님의 거룩한 임재와 영광을 인간적인 방법으로 다루려 했다. 하나님의 거룩함과 영광을 다룰 때는 어떻게 해야 하는가? 우리의 인간적 방법을 하나님이 그냥 묵과하시는 것은 잠깐일 뿐이다. 다윗의 행렬이 '나곤'의 타작마당에서 걸림돌에 부딪쳤을 때 그 길에 걸림돌을 두신 분은 누구인가? 하나님일 것이다. 하나님은 지금도 인간 논리의 고속 도로 한복판에 과속 방지 턱을 설치하시는 습관이 있다. 그것 때문에 우리는 어쩔 수 없이 속도를 줄이고 '이것이 옳은 일인가?' 하고 묻게 된다. 다윗의 문제는 일행이 하나님의 과속 방지 턱을 아무렇지 않게 지나치려 했을 때 터졌다. 소들이 뛰자 웃사는 궤가 넘어지지 않도록 손으로 잡았다. '웃사'(Uzza)라는 이름은 '힘, 담력, 위엄, 안전'이라는 뜻이다. 하나님은 살아 있는 육체가 죽음을 맛보지 않은 채 당신의 임재 안에서 기뻐하는 것도 절대 허락하지 않으신다. '나곤'(Nacon)이라는 히브리 어는 엉뚱하게도 '준비되었다'라는 뜻이다. 그러나 말할 것도 없이 그들은 준비되어 있지 않았다. 하나님은 궤를 떨치고 나와 인간의 계획을 수포로 돌리셨다.

우리도 타작마당의 진동 지점에 이른 셈이다. 이제 스스로에게 질문해야 할 때다.

'우리는 정말 값을 치를 각오가 되어 있는가? 어떤 대가가 따르더라도 하나님께 순종할 것인가? 하나님의 거룩한 세계를 대하는 법을 새롭게 배울 각오가 되어 있는가?'

하나님을 보잘것없는 상자 안에 가두거나 인간이 만들어 낸 프로그램에 묶어 두는 것에 만족하는 것은 한마디로 어리석은 짓이다.

하나님의 영광을 구하는 것은 그분의 방법을 따르겠다는 순종의 자세를 포함한다. 내 목적과 내 유익에 따라 살지 않고, 모든 것 가운데 그분의 뜻과 말씀을 우선순위로 두겠다는 의지적 표현이기도 하다. 매일매일 하나님의 영광을 구하면서 그분의 주파수에 귀를 기울여야 한다.

3개월간 하나님이 오벧에돔 집에 복을 주신다는 소식이 계속 들려오자 다윗은 언약궤에 대한 공식 입장을 재고했다. 하나님의 임재와 영광이 초라한 농부 집에 그런 복을 가져다주었다면 한 나라에 미칠 수 있는 영향은 어떤 것이겠는가? 두 번째 시도에서 다윗은 비로소 레위 인들과 아론의 후손 제사장들의 참목적과 기능을 재발견했다. 그리고 언약궤 양쪽에 달린 고리가 나무 막대기를 끼도록 되어 있다는 사실을 처음 알았다. 우리는 먼저 거룩한 세계와 하나님의 영광을 올바로 대하는 법을 배워야 한다. 지금 우리는 다윗 왕과 같은 상황에 처해 있다. 이 시점에서 가장 큰 위험은 '거룩한 것을 평범한 것으로 여기게 되는 것'이다. 웃사와 같이 하나님의 영광에 마구잡이로 손을 대게 된다. 자비의 하나님은 그분의 능력을 이 땅에 보내실 때 우선 그분의 영광과 거룩한 것들에 대한 두려움, 존중의 마음을 우리에게 회복시키신다. 우리는 회개하지 않은 육체에 미치는 하나님의 영광의 위력을 새삼 깊이 깨닫고 주의해야 할 필요가 있다.

하나님의 거룩함을 사모하는 데에도 방법이 있다. 우리의 목적과 의도에 따라 하나님의 영광을 사용하려는 모든 시도는 하나님이 제지하셨음을 기억해야 한다. 하나님의 영광을 구하는 것은 그분의 뜻을 따르기 위함이다. 그것이 우리에게 가장 좋은 일임을 고백해야 한다.

Power of Wisdom

우리는 다양한 사람들의 성격만큼 수많은 인간관계를 경험하게 된다. 때문에 상대방의
마음을 얻는 기술을 습득한다면 그보다 더 좋은 일은 없을 것이다. 그 기술을 예수님으로
부터 배울 수 있다. 예수님은 조건 없이 우리를 사랑하셨고, 그 사랑을 섬김으로 표현하셨
다. 그런 예수님을 닮아야 한다. 내가 먼저 이해하고 용납하고 겸손하게 다가가면 대부분
이 마음을 열게 된다. 내가 좀 더 이득을 보는 인간관계의 기술이 아닌 진실된 관계를 통
해 하나님의 사랑을 경험할 수 있을 것이다.

Part 2
사람의 마음을 얻는 지혜

Chapter 11

이웃을 향해
그리스도의 남은 고난을 채우라

이웃을 업신여기는 자는 죄를 범하는 자요
빈곤한 자를 불쌍히 여기는 자는 복이 있는 자니라
_ 잠언 14:21

알프스 산맥에 사는 흥미로운 개미 이
야기가 있다. 그 개미들은 상당히 특이하다. 개미집 속에 촛불
을 켜놓으면 온몸으로 불을 끄는 데 전력을 다한다. 개미의 몸
이 불타면 '키츤스'라는 불연성의 진액이 나와 불이 꺼진다고
한다. 이러한 희생정신이 개미를 곤충의 왕으로 만든 것이 아
닐까? 지금부터 소개하는 의사 장기려의 삶은 이러한 개미의
희생정신을 생각나게 한다.

장기려 박사는 우리나라 외과 학회에 뛰어난 업적을 남긴 외과 전문의였지만 그 인생은 너무도 서민적이고 초라했다. 1995년 12월, 86세로 생을 마감할 때까지 부산복음병원 원장으로 40년, 복음간호대학 학장으로 20년을 근무했지만 그에게는 집 한 채도, 죽은 후에 묻힐 땅 한 평도 없었다. 그의 생활은 언제나 어려웠다. 물론 병원 원장이나 대학 학장으로서의 보수는 있었겠지만 받는 것보다 가불이 더 많았다.

그에 대한 소문이 퍼지면서부터 전국의 가난한 환자들과 다른 병원에서 치료가 불가능하다는 판정을 받은 말기 암 환자들이 부산복음병원으로 몰려들었다. 그런데 겨우 입원을 하고 수술을 받아 병이 나으면 그다음에 또 다른 문제가 생겼다. 그들 대부분이 입원비와 약값이 없었던 것이다. 이때 마지막으로 찾아가는 곳이 원장실이었다. 원래 잇속에 밝지 않아 셈을 잘 못하고 답답할 정도로 마음이 선한 장 박사에게 '우리 집은 논도 밭도 없고 소 한 마리도 없는 시골 소작농이어서 입원비나 치료비를 부담할 능력이 없다.'라고 환자들이 하소연하면 그들의 딱한 사정에 눈물겨워했다.

치료비 대신에 병원에서 시키는 일은 뭐든지 다 하겠다는 환자들의 제안에 자신의 월급으로 그들 병원비를 대신 처리하는 일이 많았다. 그러다 보니 그의 생활은 항상 적자였고, 그런 상황들이 거듭되면서 병원 운영도 점차 어려워졌다. 결국 병원 회의가 소집되었고, 회의 끝에 무료 환자에 대해서는 원장의 결정이 아닌 부장 회의를 거치도록 하자는 결론에 닿았다.

그렇다고 가난한 환자들이 더 이상 그를 찾아오지 않는 것은 아니었다. 모든 결정권을 박탈당한 이후부터 그는 어려운 환자들의 야반도주를 도왔다. 늦은 밤에 병원 뒷문을 열어 놓을 테니 몰래 탈출하라는 것이었다. 장 박사의 이러한 '바보 이야기'는 일일이 열거할 수 없을 정도로 많다.

그는 의사란 단순히 돈을 벌기 위한 직업의 차원을 넘어 하나님이 허락한 소명을 실천하는 사람이라고 생각했다. 그래서 처음 의사가 되기로 결심했을 때부터 의사 한번 못 보고 죽어가는 가난한 사람들을 위해 평생을 바치겠노라고 하나님 앞에 맹세했다. 장 박사는 경성의전에 들어가면서 한 이 약속을 생이 다할 때까지 지켜 나갔다. 평생을 병들고 가난한 사람들을 위해 인술을 펼친 의학 박사 장기려. 춘원 이광수의 소설 『사랑』의 주인공인 '안빈'의 실제 모델로도 알려진 그는 한국의 슈바이처이자 살아 있는 성자로 불렸다. 이광수는 장기려를 가리켜 "당신은 성자(聖者) 아니면 바보요."라고 말했다고 한다. 장기려는 자기가 가난한 사람들을 도우면 북에 있는 자기의 가족도 누군가 도와줄 것이라는 믿음을 가지고 하루 200명이 넘는 환자를 돌봤다.

'나는 아직도 가진 것이 많다.'라고 입버릇처럼 말하며 펼쳐 나갔던 무료 진료도 병원 규모가 커지면서 불가능해지자 1968년 '건강할 때 이웃 돕고, 병났을 때 도움 받자'라는 표어 아래 북유럽의 의료 보험 제도를 본뜬 '청십자의료협동조합'을 탄생시켜 한국 의료 보험 제도의 모태를 마련했다. 먹고살기도 힘들었던 그 당시 주변의 몰이해와 재정적 어려움에도 불구하고 '병고에 시달리는 것만으로도 괴로운데 가난한 그들에게 과중한 치료비까지 부담시킬 수는 없다.'라는 신념 하나로 그는 한국 최초의 의료 보험 조합을 성공적으로 이끌었다.

평생 나누고 봉사하는 삶을 산 그는 분단 조국에 의한 피해자이기도 했다. 1·4 후퇴 때 환자를 돌보는 와중에 부모와 아내, 그리고 5남매를 평양에 남겨 둔 채 둘째 아들만 데리고 피난길에 올라 이산가족이 된 그는 평생 재혼하지 않고 고향의 가족을 다시 만날 날만 기다리며 살았다. 그런 그가 1985년 정부의 방북 권유를 거절했다. 혼자만 특혜를 누릴 수 없다는 이유였다. 그 후 10여 년이 흐른 1995년 10월, 임종을 앞둔 그는 가족들에게 통일과 민족의 만남에 대해 "이 땅에서 지금 만나봤자 무슨 의미가 있겠는가? 그렇게 짧게 만나느니 차라리 하늘나라에서 영원히 만나야지."라고 말했다고 한다. 장 박사는 끝내 그리운 가족과 상봉하지 못한 채 그해 성탄절 새벽에 하나님의 부름을 받아 생을 마감했다.

일생을 통해 선행으로 고단한 자들을 도운 그가 부산시민상, 막사이사이상, 국제적십자상, 국민 훈장, 호암상 등을 수상한 것은 당연한 일일 것이다. 특히 1995년부터는 당뇨병과 중풍으로 거동이 불편했음에도 불구하고 매일 상오 청십자병원에서 영세민 10여 명을 진료해 주었다.

경기도 마석 모란공원묘지에 안장된 장기려 박사의 비문에는 그의 유언대로 '주님을 섬기다 간 사람'이라고 적혀 있다. 그는 '가난하고 소외된 이웃들의 벗'임을 자처하며 기독교 신앙에 기초한 철저한 희생과 봉사의 삶을 살아간 '이 땅의 작은 예수'로 칭송 받는 사람이다. 또한 그를 따라다니는 '한국의 슈바이처', '살아 있는 푸른 십자가'라는 찬사에 한 점 부끄럼 없이 평생 이웃 사랑을 몸으로 실천한 사람이었다. 절대 빈곤 시절의 '천막 무료 진료'부터 미래를 내다본 의료 복지 정책인 '청십자의료협동조합'까지, 그것은 그의 사랑이 일군 기적이었다. 그는 예수처럼 살고 싶어 했고, 그렇게 살았다. 분단의 아픔과 가족을 향한 그리움을 환자에 대한 사랑으로 승화시킨 의사 장기려의 삶은 진실한 그리스도인의 참모습이다.

희생이란 참으로 아름다운 것이요, 위대한 힘을 발휘하는 원동력이다. 자녀를 훌륭하게 성장시킨 부모들의 희생, 그리고 장 박사와 같은 이들의 고귀한 희생이 있었기에 지금 이 나라가 든든히 서 있는 것이다. 한국 교회가 유례를 찾아볼 수 없는 성장을 이룬 것도 믿음의 선배들의 순교의 피가 이 땅에 뿌려졌기 때문이다. 앞서 간 믿음의 종들의 희생과 헌신적인 삶이 없었더라면 오늘날의 한국 교회는 존재하지 못했을 것이다. 아프리카 땅에 복음이 전파된 것도 리빙스턴 선교사와 슈바이처 박사처럼 불타는 가슴으로 모든 것을 희생한 위인들이 있었기 때문이다.

오늘날 구원 받은 성도로서의 나의 삶은 어떠한가? 주님의 십자가 희생이 내 삶 가운데 메아리치고 있는가? 주님의 희생의 보혈이 내 몸속에 흐르고 있는가? 주님은 우리 죄인을 구원하시기 위해 십자가에서 살이 갈기갈기 찢기시고 보배로운 피를 흘리셨다. 실로 이 세상에 주님의 희생만큼 아름답고 귀한 것은 없다.

Chapter 12

비난의 화살을 거두라

노하기를 더디 하는 것이 사람의 슬기요
허물을 용서하는 것이 자기의 영광이니라
_ 잠언 19:11

어떤 성도에게 불행이 다가오면 주변
에서 "예수를 어떻게 믿었기에 저런 일이 다 생길까? 하나님
이 저주하신 거야."라고 비아냥거리는 소리를 듣게 된다. 이상
한 것은 오히려 같은 신자들 사이에 이러한 의식이 더 심화되
어 있다는 사실이다.

그러나 성경은 욥의 경우를 통해 고통이 죄로 인해 오는 것
이 아니라고 말하고 있다. 까닭 없이 임하는 고통도 있다는 것
이다. 그러므로 위로는 못 해줄망정 어려움에 처한 사람에게
비난의 화살을 쏘는 것은 어리석고 잔인한 짓이다. 말없이 곁

에 있어 주는 것만으로도 위로가 될 수 있음을 알아야 한다.

마찬가지로 우리를 향해 날아오는 비난의 화살을 다시 되돌리는 것 또한 어리석은 일이다. 구약 성경에서 하나님께 인정받은 의인을 꼽으라면 다윗과 욥이 있을 것이다. 재미있는 것은 용서에 관한 한 다윗보다 욥이 한 수 위였다는 사실이다.

먼저 법궤가 성으로 들어올 때 춤추는 다윗을 업신여기던 부인에 대해 성경은 "그러므로 사울의 딸 미갈이 죽는 날까지 그에게 자식이 없으니라(사무엘하 6:23)."라고 증언하고 있다. 이 말은 그녀의 생산 기능이 멈춘다는 뜻도 되지만 그 이후로 다윗이 그녀와 침상을 같이 쓰지 않았다는 의미로도 이해할 수 있다. 다윗이 미갈의 비난을 견디지 못하고 그녀에게 화살을 돌린 것이다. 장인에게 10여 년을 쫓겨 다니면서 죽음의 고비를 넘기며 연단 받았던 것만도 고통스러운데, 하나님이 사울을 폐하고 자신을 왕으로 세운 것을 미갈이 이해하지 못하고 자신에 의해 아버지가 죽임을 당했다고 생각하는 것을 다윗은 용납하지 못했던 것 같다. 어쩌면 미갈의 입장에서는 이런 아버지의 죽음에 대한 원망을 감출 수 없었을지도 모른다. 다윗에게 그런 미갈은 분명 상대하기 어려운 존재였을 것이다. 결국 그는 그녀를 끝까지 용서하지 못했고 그녀는 그렇게 버림받게 되었다.

40년이라는 세월 동안 도망을 다녀야 했던 다윗처럼 욥의 고난도 만만치 않았다. 하루아침에 재산을 모두 날리고, 자녀들이 일시에 죽고, 온몸에는 악창까지 나서 재위에 앉아 티끌을 날리는 형편이 되었다. 그런 엄청난 고난을 당할 때, 다윗의 아내 미갈처럼 욥의 아내도 말 한마디로 그의 마음에 비수를 꽂았다.

"당신이 그래도 자기의 온전함을 굳게 지키느냐 하나님을 욕하고 죽으라."

그의 아내는 눈앞에 나타난 현상만으로 그를 정죄한 것이다. 지금 남편이 겪고 있는 고충은 전혀 이해하지 못하고 있다는 뜻도 된다. 그 정도로 막가는 듯한 말이라면 부부 싸움의 정도를 지나서 이제는 영적 전쟁의 단계로 접어든 상태라고 할 수도 있다.

이번에는 욥의 입장에서 생각해 보자. 처음 겪는 엄청난 위기 속에서 가장 가까운 사람, 즉 아내만큼은 자기를 믿어 줄 것이라 여겼을 텐데, 위로는커녕 부부 관계의 근본까지 흔들리고 온몸이 휘청거릴 만한 그런 극언을 들었다. 그런 상황이라면 '당신은 어리석은 여자요!' 또는 '무슨 이런 여자가 다 있어?' 하며 난리를 피웠을 수도 있다. 그러나 그는 "그대의 말이 한 어리석은 여자의 말 같도다 우리가 하나님께 복을 받앉은즉 화도 받지 아니하겠느냐." 하며 완곡한 말을 사용하고 있다. 욥이 그 와중에도 '당신은 애당초 어리석은 여자가 아닌데, 지금 하는 말은 배우지 않은 사람의 말과 같지 않소? 당신이 그런 말을 하다니, 당신답지 않구려.'라고 해석할 수 있는 아주 순화된 언어를 사용했다는 것은 정말 놀라운 일이다.

충분히 똑같이 악담으로 되갚아 줄 수 있는 상황이었고, 저주로 하나님 앞에서 급사당하게 할 수도 있었겠지만 성경은 "이 모든 일에—아내와 하나님 앞에서—욥이 입술로 범죄하지 아니하니라."라고 말씀하고 있다. 욥이 자기를 정죄하던 친구들을 위해서조차 기도했을 때 하나님은 그를 축복하셨다. 잃었던 욥의 재산은 배로 늘었고, 자녀들은 다시 열 명으로 회복되었으니 천국에 있는 자녀들까지 합하면 그것도 두 배가 된 셈이다.

일반적으로 욥기의 마지막 부분을 해석할 때 욥이 재혼을 한 것으로 표현하고 있는데, 사실 그런 내용은 기록되어 있지 않다. 그러므로 욥이 자신에게 고통을 주었던 부인을 통해 다시 자녀를 얻었다고 해석할 수 있을 것이다. 이처럼 욥은 자신을 파괴하려던 그 악착같은 마귀에게 조종당한 부인의 실수였다고, 아니면 너무 황당하고 다급한 상황이었기에 감성적인 여자의 본성에 이끌려 그렇게 말할 수도 있었겠다고 생각했던 것 같다. 릭 워렌은 이런 말을 했다.

"당신에게 상처를 준 사람을 마음에서 놓아주라. 그 상처를 더 이상 붙들지 말라. 상처를 준 사람을 어떻게 놓아줄 수 있는가? 용서하는 것, 그것만이 그들을 놓아주는 유일한 방법이다. 그들이 용서를 구할 때까지 기다리지 말라. 왜냐하면 그것은 그들보다 당신 자신을 위한 것이기 때문이다."

대구에서 교회를 개척했을 때의 일이다. 장로님 한 분과 집사님 두 분과의 만남으로 개척이 시작되었다. 아파트 상가에 자리 잡은 교회는 젊은 전도사의 목숨을 건 목회 때문인지 얼마 되지 않아 사람들이 모여들기 시작했다. 열 명에서 출발한 교회는 빠르게 성장해 갔고, 50명, 60명, 70명이 되는가 싶더니 곧 100여 명을 넘어섰다.

그런데 교회 내부에서 문제가 생겼다. 장로님이 목에 힘을 주기 시작한 것이다. 자신의 힘으로 교회가 성장했다고 여기시는 건지 전도사의 말을 듣지 않고 목회에 방해를 놓기 시작했다. 자기의 생각이 관철되지 않으면 불평불만을 늘어놓았다. 목회에 집중할 수가 없었다. 그래서 학교 수업을 마치고 기도원에 올라가 나무를 부여잡고 울었다.

"주님, 저는 강단에서 말씀을 전하는 주님의 종입니다. 또 계속 이 길을 가야 합니다. 장로님을 미워하지 않게 해주시옵소서. 주님, 내일이 되면 또 봐야 합니다. 이 못된 종을 용서하시옵소서."

그러나 밤새도록 기도하고 내려와서 주일날 얼굴을 마주하면 또 미워하는 마음이 새록새록 돋아났다. 서울의 학교에 가는 수요일에는 장로님이 설교를 하는데, 억지로 모여든 성도들이 그날 장로님의 설교만 들으면 다른 교회로 옮겨 가는 것이었다. 그해 겨울 함박눈이 오던 날 기도원으로 올라가서 또 울부짖었다.

"주님! 이제 총신 졸업반이 되었습니다. 이제 저 장로님과는 같이 있을 수가 없습니다. 이 종을 다른 곳으로 보내 주시옵소서. 장로와 싸우는 것보다는 제가 이 교회를 떠나는 것이 주님의 뜻 아니십니까?"

눈을 맞으며 울고 또 울었다. 그때 갑자기 누군가 '김승동! 김승동!' 하고 부르는 것이었다. 순간 놀라움과 두려움이 온몸을 엄습하면서 번쩍 눈이 떠졌다. 아무도 없는 새벽의 눈 덮인 바위 위에서 희미한 음성이 마음에 메아리쳐 들려왔다.

"너는 왜 장로를 미워하고, 또 그 미움을 없애 달라고 그렇게 몸부림을 치느냐? 지금부터 네가 바뀌어야 한다."

"주님, 저는 미워하지 않으려 하는데 자꾸 미움이 생깁니다."

"내 종아! 지금부터 김 장로가 잘되도록, 자녀들이 복을 많이 받도록 네 눈에서 눈물을 흘리며 축복 기도를 해보아라."

그 순간 정신이 번쩍 들었다. 미워하는 마음을 없애 달라고 기도하기보다 하나님의 충만한 축복이 임하도록 기도해야 한다는 것을 그때 깨달았다. 물론 타고난 성품이 아름다운 사람도 있다. 또 그 장로님이 교회에서는 그런 문제가 있어도 집에서는 훌륭한 가장일 수도 있다. 그러나 대부분은 밖에서 보여 주는 행동이 집이라고 해서 별반 달라지지는 않는다. 나는 다시 기도를 하기 시작했다.

"주님, 우리 김 장로님을 축복해 주시옵소서. 가정에 행복을 부어 주시옵소서. 4남매 자녀들에게 시온의 대로를 열어 주시옵소서."

지난 주일까지만 해도 앞에 앉아 있는 장로님 때문에 설교하기가 무척 부담스러웠는데, 그렇게 용서를 하고 정말 그분이 잘되기를 기도하자 설교에 왜 그리 성령이 역사하시는지 매 주일마다 교회는 부흥회가 되었고 사람들이 모이기 시작했다. 시간이 흘러 결국 그분 때문에 사임했지만 목회에서 가장 필요한 용서의 덕목을 배우게 되었다.

그렇다. 용서는 우리 자신을 위한 것이다. 살다 보면 하찮은 오해와 실수로 사람들과 상처를 주고받기도 한다. 그 상처가 때로는 원망과 분노를 가져오고, 더 나아가 원한이 쌓여 마음의 문을 닫고 원수를 만들기도 하며, 고통과 괴로움으로 오히려 나를 불행하게 만들 수도 있다. 오늘부터라도 내 안에 쌓인 미움과 원망을 용서라는 마음으로 놓아주고 파란 하늘을 보며 크게 웃어 보기 바란다. 훨씬 즐거운 하루가 될 것이라 믿는다.

Chapter 13

감사의 매직을 사용하라

그의 자식들은 일어나 감사하며……
_ 잠언 31:28

감사는 겸손의 바탕 위에 그 열매를 담아야 한다. 교만으로 마음이 가득하여 자신을 절대화하는 사람은 결코 하나님께 감사하지 않는다. 교만한 자는 현 세상의 삶에 집착하고 지금 누리고 있는 권세와 재물과 건강에만 의지한다. 외적인 형식에만 치중하여 다른 사람들의 칭찬에 의존하면서 그것이 영원할 것이라 착각하고 살아간다. 이런 사람은 하나님의 가치를 존귀하게 여기지 않는다. 하나님은 거룩한 의식이 아니고, 화려한 재물이 아니고, 체면치레가 아니고, 자신은 무력하고 무지하고 무능한 인간임을 알아 겸손으로 나아오는 자의 마음을 받으신다. 그런데 많은 사람들이 감사를 하고 나서는 아무런 감흥을 느끼지 못한다. 그저 순서에 따라 형식적으로 행한 것으로 그 뒤에 찾아오는 하나님의 축복을 잊을 때가 많다.

군위에서 목회를 할 때 신발 가게를 하는 권사님이 있었다. 권사님은 장사가 잘되는 날이면 나를 불러 시장에 있는 단골 식당으로 데려갔다. 그러고는 꼭 하나님께 감사 기도를 드렸다. 가게에 손님이 없어 기운이 빠지는 날도 나를 불러 또 그 식당에 갔다. 그러더니 이번에는 축복 기도를 하는 것이었다. 권사님은 장사가 잘되면 하나님께 감사해서, 또 장사가 잘 안 될 때는 감사의 마음을 올리면 하나님의 축복이 내릴 것이라는 확신이 있어서 나에게 식사를 대접한 것이었다.

감사는 감사 후에 하나님의 축복을 맛본 자가 의심 없이 하게 되는 것이다. 하나님은 많은 복을 가지고 진실로 감사하는 자에게 더 주시려고 기다리고 계신다.

헬렌 켈러가 어느 날 숲 속을 다녀온 친구에게 무엇을 보았느냐고 물었다. 그 친구는 별반 특별한 것이 없었다고 말했다. 켈러는 이해할 수 없었다. 두 눈 뜨고도, 두 귀 열고도 별로 특별히 본 것도, 들은 것도 없고 할 말조차 없다니……. 그래서 보지도, 듣지도, 말하지도 못했던 그녀는 만일 자신이 단 사흘만이라도 앞을 볼 수 있다면 어떤 것을 보고 느낄 것인지 미리 계획을 세웠다. 그리고 그것을 '내가 사흘 동안 볼 수 있다면'(Three days to see)이라는 제목으로 1933년 「애틀랜틱 먼슬리」 1월 호에 발표했다. 켈러의 글은 당시 경제 대공황의 후유증에 허덕이던 미국인들을 잔잔히 위로했다. 그래서 「리더스 다이제스트」는 이 글을 '20세기 최고의 수필'로 꼽았다.

첫째 날.

나는 친절과 겸손과 우정으로 내 삶을 가치 있게 해준 설리번 선생님을 찾아가 이제껏 손끝으로 만져서만 알던 그녀의 얼굴을 몇 시간이고 물끄러미 바라보면서 그 모습을 내 마음속에 깊이 간직해 두겠다. 그리고 밖으로 나가 바람에 나풀거리는 아름다운 나뭇잎과 들꽃들, 그리고 석양에 빛나는 노을을 보고 싶다.

둘째 날.

먼동이 트며 밤이 낮으로 바뀌는 웅장한 기적을 보고 나서, 서둘러 메트로폴리탄에 있는 박물관을 찾아가 온종일 인간이 진화해 온 궤적을 눈으로 확인할 것이다. 그리고 저녁에는 보석 같은 밤하늘의 별들을 바라보면서 하루를 마무리하겠다.

마지막 셋째 날.

사람들이 열심히 살아가는 모습을 보기 위해 아침 일찍 큰 길에 나가 출근하는 인파의 얼굴 표정을 볼 것이다. 그러고 나서 오페라 하우스와 영화관에 들러 공연들을 보고 싶다. 그리고 어느덧 저녁이 되면 네온사인이 반짝이는 쇼윈도에 진열되어 있는 아름다운 물건들을 보면서 집으로 돌아와 나를 이 사흘 동안만이라도 볼 수 있게 해주신 하나님께 감사의 기도를 드리고 다시 영원히 암흑의 세계로 돌아가겠다.

켈러가 그토록 보고자 소망했던 일들을 우리는 날마다 일상 속에서 특별한 대가도 치르지 않고 공짜로 보고 경험한다. 그러나 그것이 얼마나 놀라운 기적인지는 모르고 있다. 아니, 누구나 당연히 누리고 사는 것이라 여기면서 딱히 의식하지도 못한다. 그래서 켈러는 이렇게 말했다.

"내일이면 귀가 안 들릴 사람처럼 새들의 지저귐을 들어 보라. 내일이면 냄새를 맡을 수 없는 사람처럼 꽃향기를 맡아 보라. 내일이면 더 이상 볼 수 없는 사람처럼 세상을 보라."

내일이면 더 이상 할 수 없는 일임을 알게 되면 오늘 내가 할 수 있는 일들이 얼마나 소중하고 놀라운 기적인지 뒤늦게나마 깨달을 수 있을지도 모르기 때문이다. 페루 출신의 예수회 신부인 마르티네스는 아낌없이 주시는 하나님에 대한 응답으로 감사만큼 적절한 것도 없다고 믿었다. 그래서 'Deo gratias'(하나님께 감사를)라는 말을 매일 400번씩 연습했고 다른 사람에게도 그 방법을 권했다고 한다. 또 조지 허버트라는 시인은 이렇게 기도했다.

"당신은 내게 너무도 많은 것을 주셨습니다. 이제 하나만 더 주시옵소서. 감사할 줄 아는 마음을 주시옵소서!"

감사하고 산다는 것은 참으로 중요하다. 우리가 살아가는 하루하루의 삶이 우리 힘으로 되는 것이 아님을 안다면 더더욱 감사하는 생활을 해야 한다. 지금 내가 살아 있는 것 자체가 큰 축복이다. 때문에 감사할 일이 아닐 수 없다. 하나님께 응답하는 가장 기본적인 신앙의 태도는 바로 '감사'다.

3년 전 어느 날 새벽, 예천에 있는 동기 목사가 찾아왔다. 전남 지방에서 목회를 하다가 어려움을 겪어 경북 예천 지방의 조그마한 교회로 부임한 목사였는데, 갑자기 예고도 없이 목양실로 들이닥쳤다. 나는 깜짝 놀라서 물었다.

"이게 웬일인가? 무슨 일이라도 있는 거야?"

나는 그의 표정을 읽으려고 정신을 집중했다. 분명 무슨 일

98
지혜력

이 있다는 것을 직감할 수 있었다. 잠자코 얼굴만 살피며 기다리자 그가 입을 열었다. "지난밤에 철야 기도를 하는데 새벽녘쯤 갑자기 자네 얼굴이 떠오르는 거야. 그래서 '이건 하나님의 뜻이다!' 확신하고는 그길로 주님의 뜻에 따라 차를 몰았지." 하는 것이었다. 나는 속으로 '그럼 나도 떠올라야 하는데 그렇진 않았으니, 하나님의 어떤 지시가 있는 걸까?' 하고 생각하며 다음 말을 기다렸다.

아이 등록금 마감이 오늘까지인데 교회에 나가서 철야 기도를 하다 보니 새벽에 하나님이 내 얼굴을 보여 주시기에 100만 원만 도와달라고 하면 정도 많고 의리도 있고 하니 절대 거절하지 않을 것이라는 확신이 섰다는 것이었다.

"등록금이 250만 원인데 집에는 50만 원밖에 없고, 하나님은 자네한테 100만 원만 지시하셨으니 제발 도와주게. 주님의 뜻일세."

"유 목사! 왜 하나님이 100만 원이라고 하시던가?"

"아니, 100만 원이라는 말씀은 없었는데 돈이 한 묶음 보였네. 그래서 100만 원 아니겠나 생각한 걸세."

"그럼 또 100만 원은 어찌하려는가?"

"그건 아직 모르겠네. 하나님이 자네 앞으로는 한 묶음만 보이게 하셨으니 그것만이라도 해주게나."

철야 기도 중에 하나님의 뜻을 받았다는데 안 주고 그냥 보낼 사람이 어디 있겠는가. 차마 거절할 수가 없어 그 자리에서 전화로 그의 통장에 돈을 부쳤다. 그런데 나중에 노회 목사님을 통해 유 목사가 "아이고, 그때 하나님이 200만 원을 보여 주셨다고 말할 것을 왜 100만 원이라고 했을까!" 하면서 그렇게 아쉬워하더라는 이야기를 들었다. 아니, 이게 대체 무슨 소리인가? 나는 내 귀를 의심했다. 100만 원에도 만족하지 못하고 더 많이 얻어 가지 못한 것을 불평하는 모습이라니, 씁쓸한 기분에 마음이 허탈해졌다. 100만 원이 아니라 단돈 10만 원을 받았다 해도 하나님께 감사해야 하는 법인데, 왜 그것을 모른단 말인가!

정신 의학자 루이스 캐디는 자신의 저서에서 이런 말을 했다.

"어떤 것에 대해서도 감사하지 않는다는 것은 신을 믿든, 그렇지 않든 자신 외의 그 어떤 것에도 감사할 것이 없다는 말과 같다."

만일 우리가 그 어떤 것에도 감사하는 마음을 느끼지 않는다면 해마다 새로 피어나는 꽃과 나무, 그리고 우렁찬 소리와 함께 탄생하는 어린 생명의 기적에 대한 경이로움은 무엇인가? 부모님의 사랑과 헌신에 대한 존경과 찬미는 무엇인가?

또한 가고 싶은 곳 어디든지 갈 수 있게 하고, 원하는 행동을 가능하게 하는 우리 육체의 고마움에 대해서는 생각해 보았는가? 자신이 '지구에서의 아름다운 휴가'를 즐기며 멋진 세상을 살아가고 있다는 생각을 해보았는가?

감사야말로 삶의 원천이 된다. 감사는 평범한 식탁을 생명의 잔칫상으로 만드는가 하면 마음의 분노를 다스리고 평화를 가져다준다. 감사하는 순간 하늘의 소망이 열리고 내일에 대한 희망에 부풀게 된다.

Chapter 14

하나님께 영광을 돌리는 인생을 살라

너의 행사를 여호와께 맡기라
그리하면 네가 경영하는 것이 이루어지리라
_ 잠언 16:3

얼마 전 타임지에 빌리 그레이엄 목사에 관한 기사가 실렸다. 파킨슨병에 걸린 그의 몸은 나날이 여위어 가고, 입속의 침도 말라 가고 있었다. 그런데도 일본의 전도 집회를 계획하고 있다고 했다. 그는 이와 같은 상황에서도 "하나님이 왜 나 같은 사람으로 하여금 수많은 이들에게 복음을 전하게 하셨는지 지금도 알 수가 없습니다."라고 말했다. 기독교 역사상 그레이엄 목사만큼 탁월한 전도자는 찾아볼 수 없을 만큼 그는 많은 영혼을 구원에 이르게 했다. 그처럼 엄청난 일을 해냈음에도 불구하고 그는 하나님 나라에 들어가면 가장 먼저 '하나님, 왜 저 같은 사람을 부르셨습니까?'라는 질문을 하고 싶다고 했다. 사실 그는 뛰어난 능력을 가진데다가 흠잡을 데도 없어 하나님이 자기를 사용하신 것이라고 말해도 될 만한 사람이다. 그런데도 '왜 저 같은 자를 부르셨습니까?'라고 하나님께 묻고 싶은 것은 사도 바울처럼 은혜 속에서 자신을 발견했기 때문이다.

당신은 현재의 자신에 대해 만족하는가? 아니면 불만을 품고 있는가? 대부분의 사람들이 자기의 인생은 우리 인간이 스스로 만드는 것이라고 생각한다. 그래서 일이 잘 풀린 사람들은 '내가 노력했기 때문에 재산도 모은 거야! 내가 성실하니까 사람들이 나를 좋아하는 거야! 내 머리가 좋아서 공부도 잘한 거야! 내 외모가 출중해서 좋은 배우자를 만난 거야!'라고 생각한다. 반면 자신에 대해 불만을 품은 사람들은 남에게 책임을 전가한다. '다른 사람들이 너무 약삭빠르게 사는 바람에 내가 손해를 봤어! 세상이 너무 경쟁적이어서 내가 뒤처진 거야!'

결국 성공했다고 생각하는 사람이나 실패했다고 생각하는 사람이나 모두 자기의 삶은 사람이 만들었다고 믿는다. 그러나 성서적인 인생관은 다르다. 인생은 사람에 의해서가 아니라 전적으로 하나님에 의해서 만들어지는 것이다.

사도 바울은 "내가 나 된 것은 하나님의 은혜로 된 것이니"라고 고백했다. 이는 내가 나 됨을 아는 삶이며 은혜를 아는 자의 삶이다. 이와 같은 고백은 잊어서는 안 될 중요한 진리다. 오늘의 나 된 것이 하나님의 은혜에 의한 것이라면 내일의 나 되는 것도 하나님의 은혜라고 믿기 때문이다. 따라서 이 진리를 굳게 잡아야 한다. 그리고 하나님 앞에서 우리도 고백해야 한다. 내가 나 된 것은 하나님의 전적인 은혜라는 사실을 말이다.

내가 나 된 것이 하나님의 은혜라는 의미는, 첫째로 하나님의 사람이 된 내 모습이 은혜라는 뜻이다. 18세기 영국의 존 뉴턴은 아프리카의 흑인들을 붙잡아 팔아넘기는 일을 하던 노예선의 선장이었는데, 1754년 그리스도인으로 거듭난 후에 노예 제도를 강력하게 반대하면서 그리스도의 복음을 전하는 주님의 사도가 되었다. 그는 설교 시간에 이런 말을 했다.

"이다음에 내가 천국에 가면 세 가지 사실에 놀라게 될 것입니다. 첫째는 천국에 당연히 있을 것이라고 생각했던 사람이 없다는 사실에 놀랄 것이고, 둘째는 그곳에 있을 수 없는 사람이 와 있는 것을 보고 놀랄 것이며, 마지막으로 나 같은 죄인이 천국에 와 있다는 것에 놀랄 것입니다. 그러므로 다른 것은 다 잊어버린다 할지라도 한 가지만큼은 결코 잊어버릴 수 없습니다. 그것은 내가 과거에 너무도 큰 죄인이었음에도 불구하고 예수님이 나를 구원해 주셨다는 사실입니다."

바울은 자기의 실체를 정확하게 이해했다. '만삭되지 못하여 난 자 같은 나', '사도 중에 가장 작은 자'라고 말하며 하나님의 교회를 박해했으므로 '사도라 칭함 받기를 감당하지 못할 자'라고 고백했다. 자기의 현재 모습은 모든 것이 전적으로 하나님의 은혜임을 감격스럽게 고백했다. 우리도 현재의 나를 돌아보면 스스로의 지혜로는 하나님을 찾을 자 없으나 하나님이 우리를 부르시고, 은혜로 품어 주시고, 귀한 사명을 허락해 주셨음을 깨닫게 된다.

내가 나 된 것이 하나님의 은혜라는 의미는, 둘째로 하나님이 하신 줄로 아는 깨달음이 은혜라는 뜻이다. 가이드포스트지에 실린 탁구 선수 현정화의 간증을 보니, 16년 동안의 선수 생활 중 가장 잊지 못할 경기로 1993년 세계 선수권 대회를 꼽고 있었다. 당시 허리를 심하게 다쳐서 은퇴하려 했던 현정화는 대회의 대표 선수로 뽑히면서 힘겨운 훈련을 계속해야만 하는 상황이 되었다. 그녀는 밤마다 하나님께 기도했다.

'하루하루 최선을 다하게 해주세요. 최선을 다하는 모습으

로 하나님께 영광을 돌리게 해주세요.'

그녀는 마침내 준결승에서 역전승을 거두고 결승에 올라 중국 선수를 상대로 완승을 얻었다. 우승을 거머쥔 그 순간 그녀는 마룻바닥에 꿇어앉아 하나님께 기도했다.

'모든 영광을 하나님께 드립니다. 하나님이 하셨습니다. 모든 영광을 하나님께 드립니다. 내가 나 된 것은 하나님이 하신 것입니다.'

그러기에 하나님이 그녀를 높이 들어 세계 정상에 이르게 하신 것이다. 삶 속에서 하나님이 하신 것을 깨달을 수 있음이 진정한 은혜다.

우리는 대개 큰일을 이루고 나면 자신의 공을 주장한다. '내가 기도해서', '내가 열심히 해서', '내가 했기 때문에'라고 말한다. 그러나 은혜의 안목으로 보면 자기가 했기에 된 것이 아니다. 자기가 한 것처럼 보이지만 하나님이 하게 하셔서 그렇게 한 것임을 깨달아야 한다. 즉, 모든 것은 내가 한 것이 아니라 하나님이 하셨다는 믿음을 얻어야 한다. 사실 바울만큼 많이 수고하고, 바울만큼 많이 일하고, 바울만큼 많은 업적을 남긴 사람도 없다. 바울만큼 많은 이들을 만나서 전도한 사람도 없다. 바울만큼 많은 교회를 개척하고 설립한 사람도 없다.

바울만큼 많은 서신을 저술한 사람도 없다. 오히려 그 귀한 일들을 감당하면서 핍박 받고, 매 맞고, 굶주리고, 감옥에 갇히고, 풍랑을 만나는 등 얼마나 많은 고생을 했는지 모른다. 그런데도 바울은 자신을 되돌아보면서 그 같은 많은 수고를 한것은 자신의 능력으로 된 것이 아니라고 말한다.

목양실에 앉아 지나온 날을 묵상하는 두 시간 동안 나 자신을 되돌아보았다. 그러자 내가 야곱과 비슷하다는 생각이 들었다.

어릴 적 아버지가 일본에서 벌어 온 돈으로 사놓은 땅을 형님은 전부 자기 소유로 팔아 버렸고, 나는 그중 한 평도 받지않은 채 결혼을 하게 되었다. 주의 종이 되겠다며 신학교를 다니던 형님은 전도사를 하다가 그만두었다. 반대로 나는 중학교 시절 부흥회 때 많은 은혜를 받으면서 주님의 부르신 음성에 응답하여 이 길을 가리라고 서약하게 되었다. 야곱이 아버지 이삭에게 축복을 받고 형님의 분노를 피해 도망하던 벧엘광야에서 하나님을 만나 뵙고 서원한 것과 같았다. 그러나 서원한 그 길을 가지 않으면서 많은 불안과 시련을 맛보게 되었다. 얍복 강 나루터에서의 천사와의 씨름은 하나님과 겨루어이겼다는 뜻으로 야곱이라는 이름을 이스라엘로 바꿔 주셨다.

그러나 그가 어려움을 당할 때마다 벧엘 광야의 하나님의 음성을 기억하며 하나님께 부르짖는 기도는 언제나 응답으로 나타났다.

내가 주의 종으로 오기 전에 금식 기도 중 받은 환상과 응답은 이 길을 걸어온 이후 눈물로 기도할 때마다 하나님이 들어주셨다. 그러나 죽을 고비도 여러 번 넘겼다. 군대에 있을 때친구가 총을 자기 목에 대고 위협하며 공포를 쏘고 있는 긴박한 상황에서 죽음을 각오하고 그를 설득하여 불상사를 막은일이 있었다. 신학교를 오가던 중 얼음 빙판에 넘어져 덤프트럭 밑으로 들어갔으나 기적처럼 살아난 것도, 지난해 캐나다고속 도로에서 교통사고가 났을 때 생명을 건진 것도 모두 하나님의 은혜가 아닐 수 없다. 지금까지 내 삶은 전적으로 하나님의 은혜 때문에 가능한 것이었다.

인생은 무엇인가를 위해 살아가는 행위다. 사람을 위하든돈을 위하든 권세를 위하든 쾌락을 위하든 나름대로 삶의 목적을 정해 놓고 살아간다. 그러나 무엇을 위한 것이 바르게 사는 것인지를 분명히 해야 한다. 하나님을 위해 살아가는 진정한 목표가 있음은 참으로 행복한 일이다. 누군가 당신에게 무엇을 위해 사느냐고 묻는다면 하나님을 위해 산다고 말할 수 있기를 바란다.

바울은 "우리 중에 누구든지 자기를 위하여 사는 자가 없고 자기를 위하여 죽는 자도 없도다 우리가 살아도 주를 위하여 살고 죽어도 주를 위하여 죽나니"라고 하며 삶의 목적을 분명히 했다. 주를 위하지 않는 삶은 살든 죽든 아무 의미가 없다는 것이다. 그러므로 참된 삶이 되려면 무엇보다 하나님을 위해 살아야 하고 죽는 것도 하나님을 위한 것이어야 한다.

Chapter 15

누군가에게
소망의 불씨가 되는 삶을 살라

의인은 그 이웃의 인도자가 되나
악인의 소행은 자신을 미혹하느니라
_ 잠언 12:26

또 다른 말도 많고 많지만

삶이란

나 아닌 그 누군가에게

기꺼이 연탄 한 장이 되는 것

방구들 선득선득해지는 날부터

이듬해 봄까지

조선 팔도 거리에서 제일 아름다운 것은

연탄 차가 부릉부릉 힘쓰며

언덕길 오르는 거라네

해야 할 일이 무엇인가를 알고 있다는 듯이

연탄은, 일단 제 몸에 불이 옮겨붙었다 하면

하염없이 뜨거워지는 것

매일 따스한 밥과 국물 퍼먹으면서도 몰랐네

온몸으로 사랑하고 나면

한 덩이 재로 쓸쓸하게 남는 게 두려워

여태껏 나는 그 누구에게 연탄 한 장도 되지 못하였네

생각하면

삶이란 나를 산산이 으깨는 일

눈 내려 세상이 미끄러운 어느 이른 아침에

나 아닌 그 누가 마음 놓고 걸어갈

그 길을 만들 줄도 몰랐었네, 나는

　　안도현의 '연탄 한 장'이라는 시다. 이 시에서 가장 마음을
울리는 구절은 "온몸으로 사랑하고 나면 한 덩이 재로 쓸쓸하

게 남는 게 두려워 여태껏 나는 그 누구에게 연탄 한 장도 되지 못하였네."라는 부분이다. 이웃을 위해 마음을 주는 것이 이렇게 어려운 일이라니, 부끄러울 뿐이다. 그러나 지금도 우리 곁에는 이름도 없이 연탄 한 장 같은 삶으로 세상을 따뜻하게 덥혀 주는 이들이 많이 있다. 그중 한 사람이 한국의 헬렌 켈러라고 불리는 김선태 목사다.

영국의 밀턴, 미국의 헬렌 켈러, 일본의 이와하시 다께오가 실명자들에게 희망과 꿈을 주었듯이 한국 땅에서는 김선태 목사(실로암안과병원 원장)가 실명자들의 희망이 되어 주고 있다. 그러나 그의 과거는 우리가 생각하기에 남을 도울 수 있는 처지가 못 되는 그야말로 쓰다 남은 연탄재 같은 인생이었다.

그가 열 살이 되던 해에 한국 전쟁이 발발했다. 그때부터 그에게 드라마 같은 기구한 인생이 펼쳐지기 시작했다. 여느 때와 같이 친구들과 놀다가 돌아와 보니 폭격으로 집이 흔적도 없이 사라져 버렸다. "엄마! 아빠!" 목이 터져라 부르면서 온 동네를 헤맸지만 끝내 부모님은 찾을 수 없었다. 그렇게 하루 아침에 고아가 되고 말았다.

안 좋은 일은 한꺼번에 일어난다더니, 엎친 데 덮친 격으로 불행이 잇따랐다. 허기진 배를 채우기 위해 구걸을 하며 하루

하루를 보내던 어느 날, 친구들과 뚝섬 쪽 과일 밭에서 참외와 수박 서리로 주린 배를 달래고 있을 때였다. 누군가 주워 온 수류탄을 만지작거리자 '펑' 하는 굉음과 함께 터지면서 그만 양쪽 눈을 실명하고 말았다.

운명의 장난이란 바로 이런 것일까? 아직 어린 그의 인생에 찾아온 어둠의 감옥은 그렇게 시작되었다. 그렇게 그의 인생을 옴짝달싹 못하게 가두어 버렸다. 앞을 보지 못하는 그는 땅을 기어 다니며 논두렁에 고인 물을 마셔 갈증을 풀어야 했고, 어떤 때는 종일 이곳저곳을 헤맨 후에야 겨우 풀잎이라도 뜯어 먹을 수 있었다. 죽을 고비를 수도 없이 넘겨야 했지만 주일이면 교회를 찾아 예배를 드리기 위해 힘썼고, 구걸하여 얻은 돈 중에서 새 돈을 골라 꼬박꼬박 헌금을 냈다. 말씀을 들으면서 뜻을 세운 그는 지금의 형편과 상관없이 장차 쓸모 있는 사람이 되어야겠다는 굳센 다짐을 하게 된다. 이윽고 8개월간 서울맹학교에서 점자를 배운 후 숭실 중·고등학교에 들어간다. 이후 숭실대학교 철학과를 졸업한 그는 목사가 되기 위해 장신대 신대원에 진학한다.

'죽으면 죽으리라!'

그는 땀과 눈물을 바쳐 자신의 목숨과 맞바꿀 각오로 공부를 했다. 학교에 다니는 동안 제대로 잠을 이루지 못했고 너무 가난하여 한겨울에도 여름옷을 입어야 했으며, 이불도 없이 추운 겨울을 텅 빈 기숙사에서 홀로 지내야 할 때가 많았다. 그런 그에게 미국에서 유학할 길이 열렸고 드디어 맥코믹 신학교에서 목회학 박사가 되었다.

한국으로 돌아온 그는 시각 장애인을 위해 자신의 남은 인생을 걸고 봉사 활동에 매진했다. 1970년 그는 최초로 시각 장애인을 위한 교회를 설립하여 점자 성경과 점자 찬송을 보급했다. 1986년에는 한경직 목사 등 각계의 도움을 받아 서울 등촌동에 실로암안과병원을 설립하여 지금까지 2만 7천여 명에 이르는 시각 장애인들의 개안(開眼)을 도왔고 무려 35만 명에게 무료 안과 진료를 하면서 실명 예방에 힘써 왔다. 중국 연변과 필리핀, 방글라데시와 케냐 등에서도 무료 안과 진료와 개안 수술 활동을 펼쳤으며, 북한에 '움직이는 실로암안과병원'이라는 진료 버스를 기증하기도 했다.

그러한 공로로 그는 2007년 막사이사이상 공공 봉사 부문에 수상자로 선정되었다. 선정 위원회는 "시각 장애인들을 위해 김 목사가 펼쳐 온 사회봉사 활동의 공로를 인정하여 수상자로 선정했다."라고 그 이유를 밝혔다. 이에 김 목사는 "모든 영광을 하나님께 돌린다."라며 "이 상은 제 개인의 것이 아니라 이름 없이 빛도 없이 실명 예방과 개안 수술을 위해 도와주신 교회들에 주신 상"이라고 수상 소감을 밝혔다. 그는 상금 5만 달러를 당시 설립 계획 중에 있던 실로암아이(eye)센터 건축 기금으로 내놓았다. 아시아 지역의 시각 장애인을 위한 실로암아이센터는 지상 8층, 지하 4층에 연건평 2,400평 규모로 한국의 20만 시각 장애인과 500만 저시력자들이 의료 혜택을 받을 수 있을 것으로 기대된다.

김 목사가 이룩한 공헌은 모두 그의 실명 때문에 생긴 것이라고 생각된다. 그렇다면 그의 실명은 처절한 슬픔과 좌절을 강요하는 불행의 씨앗이 아니라 수많은 실명자들의 눈을 뜨게 하는 소망의 씨앗이 되었다 할 것이다. 내가 무엇을 가졌느냐가 중요한 것이 아니라 내가 가진 것을 어떻게 사용하느냐가 중요하다는 것을 확실하게 보여 주고 있다.

Chapter 16

주인이 종을 섬기듯 서로 사랑하라

충성된 사자는 그를 보낸 이에게 마치 추수하는 날에
얼음냉수 같아서 능히 그 주인의 마음을 시원하게 하느니라
_ 잠언 25:13

　　　　일제 시대 때 경상도에 큰 흉년이 들었
다. 그곳에 이자익이라는 청년이 살았는데 흉년으로 굶어 죽
게 되자 전라도로 가야겠다고 결심했다. '거기는 평야 지대니
까 최소한 주워 먹어서라도 죽지는 않겠지.' 싶었던 것이다.
그는 금산까지 먹을 것을 찾아 걸어왔다. 금산에는 큰 부자가
있었는데 바로 조덕삼이라는 자였다. 조덕삼은 어느 날 경상
도 사투리가 심한 이 청년이 찾아와 먹여만 주면 무슨 일이든
하겠다고 사정하자 마방의 마부로 받아주었다.

　　그런데 이 조덕삼은 워낙 부자이다 보니 온갖 손님들이 그

집에 머무는 일이 많았다. 그는 원래 유교 집안에서 자랐지만 워낙 개성이 강하고 또 개혁적인 성품을 가졌던지라 이 고장을 지나다니던 서양 선교사와 대담하게 어울리게 되었다. 그 중 한 사람이 바로 미국의 테이트(Lewis B. Tate, 최의덕) 선교사다. 그는 사교인 증산도의 본거지 정읍(井邑)에 전도를 하기 위해 전주(全州)에서 말을 타고 왕래하다가 중간 지점인 금산리에서 기식(寄食)을 하곤 했는데, 그때 그가 마방에 말을 맡기고 묵은 집이 바로 조덕삼의 집이다. 그러던 1904년 어느 날, 말을 맡기기 위해 찾아온 이 서양 선교사를 멀리서 지켜보던 조덕삼은 좋은 기회가 왔다며 그에게 다가가 말을 건넸다.

"저는 팥정리에 사는 조덕삼이라는 사람입니다. 선교사님께서 이곳 마방에 드나들 때의 행동을 유심히 살펴보았는데 왠지 자꾸만 선교사님에 대해서 관심을 갖게 되었습니다."

테이트 선교사는 너무도 반가웠다. 그렇지 않아도 이 사교의 마을에 교회의 씨를 뿌리고 싶었는데, 다른 사람도 아닌 이 고장에서 가장 영향력이 큰 유지가 이렇게 스스로 다가온 것은 하나님이 허락하신 만남임이 분명해 보였다.

두 사람은 시간 가는 줄 모르고 이야기를 계속했다. 그러던 중 하루는 테이트 선교사가 즉시 그 자리에서 조덕삼의 손목을 잡고 함께 하나님께 기도를 올렸다. 그 기도가 하나님께 응답되었던지 조덕삼은 더 이상 머뭇거리지 않고 그 자리에서 고백했다. 기도를 받고 나서 조덕삼은 자기 집에서 예배를 시작하는 것이 좋겠다고 말했다.

이렇게 해서 테이트 선교사는 조덕삼의 사랑채에서 첫 예배를 드리게 되었다. 이날 예배에는 조덕삼 부부를 비롯하여 그 집에서 일하고 있던 머슴 이자익, 같은 마을에 사는 박희서 부부, 왕순칠, 왕창순, 강평국, 김재선, 곽동호, 박윤근, 김윤찬, 송은혜, 그리고 조덕삼의 아들 조영호 등이 참석했다.

얼마 동안 출석했던 이들에게 학습을 실시했으며, 다시 가을철을 맞아 1905년 10월 11일 테이트 선교사의 집례로 조덕삼, 이자익, 박희서, 이들 3인에게 최초로 세례를 주고 성찬 예식을 거행하게 되었다. 금산교회가 공식적인 교회로 출발하게 되는 순간이었다. 이것이 금산교회의 시초였다. 그 뒤 교회는 나날이 성장했다. 나중에 교회 건물을 따로 세웠는데, 이 금산교회는 한국 교회사에서 무척 의미 있는 곳이다. 왜냐하면 지금까지 기역(ㄱ) 자 그대로 남아 있는 유일한 교회이기 때문이다. 옛날 우리나라에서는 교회를 기역 자 모양으로 세워 그 가운데 목사가 서고 남녀가 따로 앉았다. 남녀칠세부동석의 문화가 있었기 때문이다.

신앙적으로 놀라운 일이 또 있었다. 교인이 100명 가까이

불어나자 장로를 한 분 피택하게 되었다. 그런데 장로 피택에 조덕삼과 그의 마부 이자익 청년이 함께 나서게 되었다. 반상 (班常)을 가리던 그때로서는 주인과 머슴이 장로 경쟁을 한다는 것은 상상도 할 수 없는 일이었다. 그런데 놀라운 일은 거기서 끝나지 않았다. 피택 결과를 헤아려 보니 주인 조덕삼은 떨어지고 마부인 이자익이 당선된 것이다. 교인들 모두가 놀라고 당황했다. 이때 조덕삼이 조용히 일어나 교인들 앞에 섰다. 그리고 이렇게 말했다.

"이 결정은 하나님이 내리신 결정입니다. 나는 교회의 결정에 순종하고 이자익 장로를 받들어 열심히 교회를 섬기겠습니다."

조덕삼은 자기 집 머슴이 장로가 된 것을 기뻐하고 자랑스러워하며 진심으로 섬겼다. 그리하여 집에 돌아와서는 주인과 마부의 관계가 되고, 교회에 가서는 장로와 평신도의 관계가 되어 두 사람 모두 열심히 자기 직분을 다했다. 이 사건을 지켜본 마을 사람들은 '예수를 믿는 것은 대단한 일'이라며 교회를 칭찬하게 되었다.

이런 소문이 퍼지면서 금산교회는 주변에 선한 영향력을 미치기 시작했다. 그리스도를 영접하는 사람들도 점점 늘어났다. 조덕삼이 머슴인 이자익 장로를 얼마나 잘 섬겼던지, 나중

에는 이자익을 평양신학교로 유학까지 보내 주었다. 이 장로
는 목사 안수를 받고 나서 금산교회로 돌아와 담임 목사가 되
었다. 이와 같이 머슴으로 부리던 젊은이를 세워 주고 키워서
목사가 되게 하고 자신은 섬기는 자의 모범이 된 사례는 세계
교회사에 내놓고 간증해도 전혀 손색없는, 복음의 힘이 느껴
지는 진정한 한국 교회의 이야기다.

　이처럼 생명의 향기가 있는 아름다운 신앙은 위대한 믿음
의 가문을 이루기 마련이다. 이자익 목사는 그 후 3회에 걸쳐
장로 교단 총회장으로 사역하며 한국 교계의 큰 지도자가 되
었으며, 조덕삼의 후손들은 계속해서 금산교회를 섬겨 오고
있다. 그의 아들 조영호 장로와 그의 손자 조세형 장로가 대를
이어가는 섬김의 향기는 지금도 넓은 들 김제 평야의 지평선
을 아름답게 물들이고 있다. 조세형 장로는 우리가 잘 알고 있
듯이 주일 대사를 역임한 바 있으며, 4선 국회 의원에 전 국민
회의 총재 권한 대행을 역임한 정치인이기도 하다.

　기독교의 복음은 한국 사회의 발전에 지대한 영향을 미쳤
다. 전통과 숙명이라는 철옹성 안에 꼭꼭 숨어 있던 보수적인
사회가 기독교 복음에 노출되면서 조금씩 문을 열고 더불어
살아가는 밖을 보기 시작한 것이다. 특히 소수자에게 온갖 특

혜를 집중시키는 기재(器材)였던 신분의 벽은 복음의 진수를 맛본 사람들에 의해 허물어져 갔다.

조덕삼뿐만 아니라 많은 교회의 일꾼들이 이처럼 섬기고 충성했기에 한국 교회가 세계 교회사에 유래 없는 성장을 이룰 수 있었던 것이다. 그들은 이 세상에서는 유명하지도 빛나지도 않았지만 하늘나라에서는 별처럼 빛나고 있을 것이다.

가장 만나고 싶은 동역자, 가장 존경할 수 있는 하나님의 사람, 바로 조덕삼 같은 인물이 이 시대에도 많이 나타나길 열망한다. 모든 겸손과 섬김의 모범이 되신 예수님의 마음을 시원하게 하는 추수 마당의 얼음냉수 같기를 간절히 기원해 본다.

Chapter 17

무슨 일이든 주께 하듯 하라

네가 자기의 일에 능숙한 사람을 보았느냐
이러한 사람은 왕 앞에 설 것이요 천한 자 앞에 서지 아니하리라
_ 잠언 22:29

성경은 우리에게 모든 일을 하나님께 하듯 하고 사람에게 하듯 하지 말라고 권한다. 왜냐하면 사실 그것이 자신에게 유익하기 때문이다. 이러한 생각은 나에게 어느 부자의 이야기를 떠올리게 한다. 그는 사위에게 자기를 위한 가장 좋은 집을 마을에 지어 달라고 부탁했다. 그 젊은 사위는 장인과 헤어지자마자 그 집을 짓기 위해 싸구려 재료들을 사들이고 싼 인부들을 고용했다. 시간이 흘러 집이 완성되었고 사위는 그 부자 장인에게 열쇠를 건네주었다. 장인이 물었다. "그 집이 이 마을에서 가장 아름다운가?" 하고 묻자

사위는 웃으며 "예, 물론입니다."라고 대답했다. 그러자 장인이 말했다.

"그럼 됐네. 여기 집 열쇠 받게나. 난 자네를 위해 뭔가 좋은 일을 해주고 싶었네. 그 집은 자네 것일세."

사위는 행복해 하는 대신에 자기가 저지른 일을 알았기에 흐느끼기 시작했다. 그는 집을 짓고 있는 내내 그것이 자기를 위한 집이라는 사실을 알지 못했다. 많은 사람들이 그와 같은 상황에 있다. 그들은 자기가 하나님을 위해 하는 일이 실제로는 자기 자신을 위해 하는 일임을 알지 못한다. 모든 일을 인간에게 칭찬 받으려 하거나 인정받으려 하지 말고, 주께 하듯이 하기로 마음을 정해야 한다. 또한 모든 일을 '진심으로' 해야 한다. 이는 자원하는 마음으로, 전심을 다해, 즐겁게, 불평 없이 하라는 의미다. 더욱더 '진심으로' 계속할수록 하늘에서는 당신의 이름이 축복에 관련되어 보다 많이 언급될 것이다.

50년 전 충청도 시골 소년이 '박사 학위를 가진 대학교수, 큰 회사의 사장, 100개 교회 건축'이라는 꿈을 꾸었다. 듣기만도 벅찬 이 꿈을 소년은 이루었을까? 결론부터 말하자면 꿈은 이루어졌다. 소년은 25년 뒤 경제학 박사 학위를 받고 교수가 되어 대학 강단에 섰고, 대의그룹이라는 이름 아래 여섯 개의

회사를 경영하는 회장이 되었다. 그리고 꿈과 희망이 절실히 필요한 사람들을 찾아가 교회를 세우고 희망을 심는다. 바로 채의숭 장로의 이야기다.

"성경을 읽으며 요셉과 다윗 같은 인물들을 보면서 꿈을 품었습니다. 성경을 통해 꿈이 없으면 망한다는 것을 배웠죠. 내 처지를 알면서도 큰 꿈을 가지고 매일 아침저녁으로 기도를 멈추지 않았어요. 하나님이 쓰시려면 별 볼 일 없는 시골 아이도 쓰십니다."

지난 2007년 5월에도 카자흐스탄과 키르키즈스탄, 중국의 우르무치에 49번째, 50번째, 51번째 교회를 세우고 돌아왔다.

"이번 선교 여행 역시 뜻깊었습니다. 카자흐스탄에 세워진 교회는 고려인들을 위한 곳입니다. 고려인들이 강제 이주를 당한 지 70여 년이 흘렀다고 하더군요. 낯설고 척박한 곳에서 고초를 당하며 죽어 간 그들을 기리는 의미도 담았습니다."

이 세 군데의 교회를 세우는 데는 그해 3월에 출간한 『주께 하듯 하라』의 인세와 출판 기념회 때 화환 대신 받은 헌금 등이 더해졌다.

사람들은 비행기 타고 해외에 가면 좋은 데 놀러 가는 줄 알지만 선교 여행은 관광과 차원이 다르다. 특히 선교의 사각지대만 골라서 누비는 채 장로의 행로는 목숨을 담보로 하는 위험한 여정이다. 그동안 스리랑카, 미얀마, 라오스, 브루나이, 네팔, 캄보디아 등에 교회를 세웠고 이제는 중앙아시아 지역을 겨냥하고 있다. 채 장로는 선교를 위해 언제나 담대히 나아간다. 경비행기가 기체 불안으로 추락할 뻔한 일도 있었고, 벼랑 끝 천 길 낭떠러지 위로도 지나가야 했다. 조그만 움직임에도 뒤집힐 수 있는 쪽배에 몸을 싣고 거센 물살을 헤쳐 나가기도 했다.

"처음 교회를 세우기 위해 찾은 스리랑카 시골 마을에서 온종일 찻잎만 따며 평생을 보내야 하는 소녀들을 봤어요. 전기도 없는 열악한 곳이었는데, 이 소녀들은 태어난 곳에서 30리 밖을 나가 본 적이 없다는 겁니다. 그들의 인생이 불쌍해서 꼭 예수님을 알려 주고 싶었습니다. 하나님 나라에는 꼭 같이 가고 싶었어요."

채 장로는 살아 계신 하나님을 체험했기에 천국에 대한 확신과 하나님에 대한 믿음이 굳건하다. 지금은 사무직 직원만 1천여 명을 거느리고 있지만, 창업한 그다음 해인 1986년에는 수해로 사업장을 완전히 잃기도 했다. 기계들이 모두 바다로 쓸려 나가 흉물스런 공장의 자취만 남았었다. 그러나 채 회장은 그동안 쌓아 온 신뢰를 바탕으로 재기에 성공했다. 1991년 수재의 아픔을 털어 내고 일어섰을 즈음 이번에는 화마가 그의 사업장을 덮쳤다. 공장이 전소된 뒤 미군 부대까지 출동하여 불길은 잡았지만 가시지 않은 화기는 뜨겁고도 무서웠다. 물에 이어 불이라니, 해도 너무했다. 직원들은 그의 바짓가랑이를 붙잡고 울었고, 채 장로도 울었다. '아무리 생각해도 하나님이 나한테 이러실 이유가 없는데……'라는 원망이 생겼다.

그렇게 혼자 울고 있는데 5분쯤 지나니 시편 23편 말씀이 들려왔다.

"내가 사망의 음침한 골짜기로 다닐지라도 해를 두려워하지 않을 것은 주께서 나와 함께하심이라."

즉시 바닥에 무릎을 꿇고 회개 기도를 올렸다. 이후 채 장로는 32명의 채권자들을 만나 양해를 구했다. 채권자들의 반응 또한 놀라웠다. 한결같이 그가 크리스천인데다 장로이기 때문에 믿어 보겠다고 말한 것이다. 은행에서는 큰돈을 떼일 상황에서 2억 원을 더 대출해 주었다. 채 장로는 1년 뒤에 100억 원을 추가로 대출 받아 그들의 믿음대로 일어났고 큰 공장을 다시 지을 수 있었다.

'주께 하듯 하라.'라는 신념은 그가 인생을 살아가는 방법이다. 모든 사람을 하나님 대하듯 하기 때문에 소홀하거나 허투루 행동하는 법이 없다. 채 장로는 신뢰와 믿음을 제일의 가치로 지킨다. 이런 그의 자세는 5대째 믿음의 집안에서 부모로부터 물려받은 신앙의 유산이다. 어머니는 주일 성수와 철저한 십일조, 목사님께 순종할 것을 당부했다. 채 장로는 언제나 10의 3조를 드렸다. 아무리 생활이 어려워도 모두 하나님이 주신 것이기에 그 이하로 드린 적이 없다. 생명까지 드릴 각오가 되어 있다.

1997년 8월 선교 여행을 마친 후 이튿날 곧바로 건국대 총동문회장으로서 졸업식에 참석하여 격려사를 했다. 그날은 동창회 간부들과의 회의도 있었고 이런저런 일정들이 빠듯했기에 집에 돌아와 잠자리에 누운 것은 거의 새벽이었다. 그리고 아침이 되었는데 어찌 된 일인지 몸이 말을 듣지 않았다. 과로로 인한 중풍으로 반신불수의 상태가 된 것이었다. 회사에도, 교회에도, 학교에도 여러모로 좋지 않을 것 같아 쓰러졌다는 사실을 알리지 못했다. 4, 5개월간 열심히 노력해서 겨우 목발을 짚고 설 수 있었다. 그때 브루나이 선교 일정이 잡혔다. 가족과 주치의의 만류를 뿌리치고 담임 목사와 부인, 큰딸과 함께 선교지로 떠났다. 음식도 제대로 못 먹는데다가 피곤까지 겹쳐 그의 몸은 한국에 돌아올 수 없을 만큼 악화되었다.

순식간에 눈물바다가 되었다. 동행한 모든 사람이 그를 위해 '천부여 의지 없어서 손들고 옵니다'라는 찬양처럼 울면서 부르며 이틀 동안 기도했다. 간절한 기도 덕택으로 기적적으로 건강을 되찾은 그는 다행히 귀국길에 오를 수 있었다. 귀국하자마자 주치의를 찾았다. 그리고 의사로부터 "중풍이 흔적도 없이 완치됐어요. 이것은 의사인 내가 고친 게 아니라 하나님이 고쳐 주신 거예요."라는 말을 들었다.

또 사업을 하면서 생긴 고혈압도 사라져 14년간 먹던 혈압약을 그 후 단 한 톨도 먹지 않고 있다. 그뿐 아니라 신장도 약해서 신장 수치가 늘 1.5 커트라인에 걸려 있었는데 웬일인지 1.4로 측정되었다. 두 달 후 다시 검진해 보니 1.3이었고 이후 점점 내려가 의사를 놀라게 했다. 나이를 먹으면 신장 수치가 높아져 신장 투석을 하게 되기 마련인데 오히려 시간이 지날수록 수치가 내려갔다. 그를 고통스럽게 하던 병이 일순간 물러갔다.

채 장로는 "예수님을 믿는 것이 행복하고, 살아서 선교할 수 있는 것이 정말 감사합니다. 나는 하나님이 내게 주신 것을 다 하나님께 드립니다. 내가 겪은 고난이 당시에는 큰 아픔이었지만 그동안 잊고 지냈습니다. 이번에 책을 내면서 새삼 다시 기억을 떠올리니 '내가 그랬었구나. 많이 힘들었구나.'라는 생각을 합니다. 하지만 하나님은 우리에게 지는 시험을 주지 않으십니다. 반드시 이기는 시험만 주십니다."라고 말하며 하나님을 향한 끝없는 믿음을 보여 주었다.

우리가 하나님이 주신 것을 소중히 여길 때 하나님은 더 좋은 것을 허락하신다. 당신이 사는 집은 크고 아름다운 새 집이 아닐 수도 있다. 쓰러지기 직전의 단칸방에서 사는 사람도 있을 것이다. 그럼에도 불구하고 항상 집을 아름답게 가꿔야 한다. 뛰어난 사람이 사는 집답게 말이다. 하나님의 사람은 뛰어난 사람이다. 옳은 일을 하기로 선택하는 그는 가히 군계일학이다. 주위 사람들이 모두 정직을 내던지고 쉬운 길로 가고 있는가? 그런 분위기에 물들지 말라. 뛰어난 정신을 발휘하라. 맡은 일을 잘 해내고, 하나님이 주신 자원을 잘 돌보라. 옳은 삶을 살라. 당신을 보고 사람들이 하나님께 끌릴 수 있도록 말이다.

Chapter 18

입술의 30초가 가슴의 30년이 될 수 있음을 기억하라

칼로 찌름같이 함부로 말하는 자가 있거니와
지혜로운 자의 혀는 양약과 같으니라
_ 잠언 12:18

"우리처럼 행복한 집 있으면 나와 보라고 해!"라고 장담하던 어느 가정에서 논쟁이 붙었다. 이제는 성인이 된 아들이 "사실 아빠 때문에 스트레스를 많이 받았어요. 아빠는 화를 내고 큰소리치시면 그걸로 끝날지 모르지만 그것을 받아들여야 하는 가족들은 한동안 얼마나 괴로워하는지 모르시죠?"라고 털어놓았다. 이 말에 아빠는 상당히 충격을 받았다. 아빠는 보통 눈에 거슬리는 것은 직선적이고 단도직입적으로 말해야 직성이 풀리는 사람이었다. 그렇다고 꿍하니 오래가지는 않아서 쏟아 내고 나면 언제 그랬냐는 듯이 다시 좋은 아빠로 돌변하곤 했다. 자기는 항상 '뒤끝이 없는 사람'이니 무슨 말을 해도 괜찮다고 생각하는 모양이었다. 그런데 자기가 그토록 아끼고 사랑하고 분신이라고 할 만큼 끔찍이 생각했던 큰아들에게서 스트레스 운운하는 이야기를 들었으니 배신감이 대단한 것 같았다.

"아니, 내가 언제 스트레스를 줬다는 거야? 그럼 잘못하는 걸 보고도 그냥 지나치라는 말이냐?"

아빠의 말에도 일리가 있었다. 가장의 책무로서 잘못된 것을 지적하는 것은 당연한 일이다.

그런데 스트레스를 거론했던 그 문제가 이제는 부모의 권위에 대한 도전으로 비약되었다.

"이놈이 이제 컸다고 아빠한테 대들어?"

이때 엄마가 끼어들었다.

"당신이 한 말이 틀렸다는 건 아니에요. 하지만 애들 마음을 상하게 하지 않는 좋은 말로도 얼마든지 훈계할 수 있잖아요. 뒤끝 타령 하면서 막말까지 막 해버리면 당신 속은 시원할지 몰라도 그 말을 들은 나나 애들은 얼마나 스트레스가 쌓이겠어요?"

"내 말에 그렇게 속상했었단 말이야?"

"그럼요. 당신 말에 나도 얼마나 속으로 상처 받고 힘들었는지 몰라요. 가끔은 당신 회사 직원들도 속으로 엄청 시달리고 있겠구나 하는 생각까지 든다고요. 당신은 아무 생각 없이 내뱉는 말이지만 그 말 한마디가 가슴에 비수처럼 콕콕 박힐 때가 있단 말이에요. 그런 심정, 이해해요?"

"내가 그랬었나……."

사람들은 흔히 '뒤끝 없음'이 대단한 자랑거리인 양 말한다. 그러한 성격이 인간관계에서는 바람직한 것처럼 알려져 있고 또 그렇게들 생각하고 있다. 그러나 분명 그렇지 않다. "웃느라 한 말에 초상난다."라는 말이 있다. 성경에도 "함부로 말하는 사람의 말은 비수 같아도, 지혜로운 사람의 말은 아픈 곳을 낫게 하는 약이다."라는 말씀이 있다. 말은 이토록 무서운 것이다. 신체적 폭력도 나쁘지만 언어폭력은 칼 없는 살인이라고도 표현한다. 말은 우리를 일으켜 세우기도 하고 무너뜨리기도 한다. 말은 병에 걸리게 하기도 하고 낫게 하기도 한다. 케네스 헤이겐은 말이야말로 우리를 파괴할 수도 있고, 생명과 행복과 건강으로 풍성하게 할 수도 있다고 했다.

옛말에 "가는 말이 고와야 오는 말이 곱다."와 "낮말은 새가 듣고 밤말은 쥐가 듣는다."라는 속담이 있다. 이는 모두 한결같이 말을 함부로 하지 말고 아끼고 삼가며, 신중하게 가려서 해야 한다는 격언이다. 야고보도 말이 지닌 엄청난 파괴력을 알고 우리에게 말을 조심할 것을 경고한다. 우리는 그러한 말의 파괴력을 일상에서 어렵지 않게 경험한다. 특히 인터넷에서 유포되는 각종 유언비어와 악성 댓글로 인해 마음에 상처를 입거나, 심지어 자살까지 하는 사람들을 보면 작은 혀에서 나온 말이 얼마나 큰 힘을 지녔는지 알게 된다. 야고보는 자기 혀를 제어하지 않는 사람의 경건은 헛된 것이라고 말한다(야고보서 1:26). 예수님도 사람에게서 나오는 것이 사람을 더럽힌다고 하셨다(마가복음 7:20~23). 당신은 어떻게 말하고 있는가? 당신의 말 한마디가 공동체를 세울 수도 있고 파괴할 수도 있다.

'뒤끝이 없다.'라는 것은 분명 자기에게만 해당되는 말이다. 그런 식의 말을 들은 사람은 '엄청난 뒤끝'을 감수해야만 한다. 자기만 뒤끝 없으면 된다는 생각처럼 이기적인 것도 없다. 자기가 뒤끝이 없기 때문에 상대방도 당연히 그럴 것이라고 생각한다면 그 역시 대단한 착각이다. '뒤끝 운운한 말 뱉기'는 분명한 언어폭력이다. 뒤끝 때문에 쌓인 가슴의 진한 앙금은 어른이 되어도 분명히 남아 있다. 앞의 일화가 그 증거다.

심지어 생생하게 그 말 한마디 한마디를 기억해 내기도 한다. 그래서 남을 비판하는 것은 객관적으로 자신이 분명히 옳

다해도 함부로 해서는 안 되는 일이다. 특히 자녀에게는 더욱 그렇다.

자녀이기 때문에 상처받을 것을 생각하지 않고 잘못을 지적해서는 안 된다. 우리 모두는 상대방의 마음에 상처를 주지 않으면서도 하고자 하는 말을 다 전할 수 있는 그런 기술을 훈련해야 한다. 직장에서 아랫사람이나 동료들에게 자기는 뒤끝이 없으니 괜찮다는 핑계를 대며 속에 있는 말을 마구 퍼부었을 때, 스트레스를 받은 그 사람은 또다시 '뒤끝 없는 말'을 다른 사람에게 전할지도 모른다. 이른바 뒤끝의 악순환이 시작되는 것이다.

당신의 말 한마디가 남을 살리기도 하고 죽이기도 한다. '입술의 30초가 가슴의 30년이 된다.'라는 말을 기억하자. 말은 그만큼 무섭고 위력이 있기 때문이다.

"더러운 말은 너희 입 밖에도 내지 말고 오직 덕을 세우는 데 소용되는 대로 선한 말을 하여 듣는 자들에게 은혜를 끼치게 하라(에베소서 4:29)."

이것이 행복을 만드는 첩경이다.

Chapter 19

앞에서 할 수 없는 말은
뒤에서도 하지 말라

두루 다니며 한담하는 자는 남의 비밀을 누설하나
마음이 신실한 자는 그런 것을 숨기느니라
_ 잠언 11:13

당신이 아무리 용기 있는 사람이어도 자
존심 상하는 말을 들으면 속으로 삭여야 할 때도 있다. 그리고
그 사람 뒤에서 누군가에게 불평을 털어놓고 싶을 것이다. 그
러나 앞에서 할 수 없는 말을 뒤에서 하는 것은 매우 위험하
다. 뒤에서 한 말도 돌고 돌아 당사자의 귀에 들어가기 때문이
다. 또 말은 처음과 똑같이 전달되지 않고 이 사람 저 사람을
거치면서 부풀어 올라 나중에는 다른 내용으로 변질된다. 뒷
말이 무서운 이유가 바로 이것이다. 불평을 들어주며 '말도 안

돼.' 라는 둥 '어떻게 그런 일이…….' 라는 둥 맞장구를 치는 사람도 믿을 수 없다. 당신의 말을 듣는 동안에는 절대 아무에게도 말하지 않겠다고 했을지라도 언제든 마음이 바뀌어 다른 사람에게 '이 말은 전하지 않기로 했는데 너만 알고 있어.' 라는 말까지 덧붙여 옮길 수 있기 때문이다. 사람은 말을 할 수 있기 때문에 비밀을 지킬 수 없다. 그리고 언제든 마음이 변할 수 있기 때문에 약속을 지킬 수 없다. 그래도 양심은 있어서 약속을 깰 때는 자기 합리화를 위해 말을 보탠다. 그래서 남의 말을 옮기는 사람들은 으레 '그 사람, 뒷말이 많아서 못쓰겠어.' 라는 토까지 단다. 그러니 앞에서 할 수 없는 말이라면 뒤에서도 하지 말라. 뒤에서 한 말일수록 걷잡을 수 없이 크게 번져 나를 공격하는 무기가 된다.

유대인들의 뜨거운 열망 중 하나는 랍비, 즉 선생이 되는 것이었다. 탈무드에는 부모와 랍비가 물에 빠졌을 때 한 사람밖에 구할 수 없다면 랍비를 구하라고 되어 있다. 그만큼 유대인들은 랍비에 대한 경외감을 가지고 있었다. 요즘 식으로 말하면 랍비는 그 당시 '인기 직종'이었던 것이다. 유대인 부모들은 아들을 낳으면 '우리 아이도 랍비가 되었으면' 하는 소망을 가질 만큼 랍비는 존경 받는 직책이었다. 그런데 야고보는 그들을 향해 무엇을 권면하고 있는가?

"내 형제들아 너희는 선생 된 우리가 더 큰 심판을 받을 줄 알고 선생이 많이 되지 말라(야고보서 3:1)."

이 말 속에 담겨 있는 의미는 무엇인가? 누구도 가르치는 일을 해서는 안 된다는 뜻인가? 그렇지 않다. 이는 선생의 책임을 지적하고 있다. 기독교의 가르침은 단순히 지식의 전달이 아니다. 기독교의 진리는 마치 아기가 걸음마를 배우듯 끊임없이 새로운 삶의 방식을 모방하는 것이다. 새로운 삶의 방식을 체득하여 자기의 것으로 만드는 과정을 통해 배우는 것이 기독교의 가르침이다. 그러므로 '처음에 누구로부터 신앙을 전수 받는가' 하는 것이 중요한 문제다. 이것이 풍성한 신앙의 삶에 결정적인 요소가 되는 경우가 많다. 그래서 야고보는 말씀을 맡은 자에게 무거운 책임을 강조한 것이며, "선생 된 우리가 더 큰 심판을 받을 줄 알라."라고 말씀하는 것이다.

우리 기독교의 결론은 심판이다. 하나님의 심판은 이 지구의 마지막 결론을 짓는 행위다. 모든 그리스도인은 지금 하나님의 심판을 향해 나아가고 있다. 그리스도의 심판대를 염두에 두지 않은 신앙은 참다운 기독교가 아니다. 그런데 그 심판 때 말 때문에 선생 된 자들은 더 큰 심판을 받게 된다고 말하고 있다. 예수님은 이렇게 말씀하셨다.

"네 말로 의롭다 함을 받고 네 말로 정죄함을 받으리라(마태복음 12:37)."

말만큼 짓기 쉬운 죄도 없다. 말만큼 위태로운 결과를 초래하는 죄도 없다. 그렇다면 우리는 도대체 무엇이 문제인가?

"우리가 다 실수가 많으니 만일 말에 실수가 없는 자라면 곧 온전한 사람이라 능히 온몸도 굴레 씌우리라(야고보서 3:2)."

바로 우리 모두가 말에 있어 실수가 많다는 것이다. 하나님이 지으신 동물 중에 말을 구사하는 것은 사람뿐이다. 매미는 구성지게 소리는 내지만 말은 못한다. 코끼리는 덩치는 크지만 말은 못한다. 사자는 백수의 왕이지만 말은 못한다. 말은 사람만이 누리는 큰 축복이다. 때와 장소에 맞는 적절한 말을 사용함으로써 존엄성을 나타낼 수도 있다. 반대로 말을 함부로 함으로써 동물 이하로 추락할 수도 있다. 자신을 가만히 돌아보면 말실수가 얼마나 많은지 모른다. 말 때문에 인생살이가 시끄럽고 삶이 피곤하지는 않은가?

어떤 사람은 말로 자신의 무덤을 파면서 산다. 영국 격언에 "고기는 낚시로 잡히고 사람은 말로 잡힌다."라는 말이 있다. 페르시아의 속담에서도 "그대의 혀로 말미암아 그대의 목이 끊어지지 않도록 하라."라고 했다. 그리스의 유명한 우화 작가인 이솝은 "모든 화의 근본은 혀"라고 말했다.

사람의 혀는 작지만 강하다. 숨겨져 있으나 그만큼 무섭다. 뼈가 없는 혀는 아주 작고 약한 것 같지만 모든 것을 부수고 죽일 수 있는 무서운 시한폭탄과도 같다. 채찍으로 때리는 것은 몸에 상처 자국을 남긴다. 그러나 혀로 때리는 것은 일평생 가슴에 지워지지 않는 상처를 남긴다. 장수의 손에 들린 칼에 죽는 사람보다 어리석은 사람의 혀 때문에 망하는 사람의 수가 더 많다. 사람의 말에는 독이 들어 있다. 말하는 사람은 한번 독을 뿜어내면 그것으로 그만이지만 그 말에 쏘인 사람은 평생을 신음하며 살아간다.

사람은 1분에 150마디의 말을 한다고 한다. 그러다가 감정이 북받치면 180마디까지 하기도 한단다. 그리고 평균적으로 여자가 남자보다 25% 정도 더 빠르게 말한다고 한다. 이 수많은 말들은 한 사람의 입에서 나오지만 천 사람의 귀로 들어간다. 말을 하는 사람은 별생각 없이 하지만 듣는 사람은 유심히 듣기 때문에 상처를 받는다.

우리의 언어생활은 참으로 중요하다. 그래서 어떤 사람은 "당신의 말 속에 당신의 성공이 있다."라고까지 말하지 않았는가. 항상 긍정적으로 말하는 법을 배워야 한다. 꿈 같은 말을 하면 꿈 같은 일이 이루어진다. 모든 것을 된다고 생각하고 가능성을 말할 때 그대로 이루어지는 것이다. 하나님은 이스라엘 백성들에게 이렇게 말씀하셨다.

"너희 말이 내 귀에 들린 대로 내가 너희에게 행하리니(민수기 14:28)"

사는 것과 죽는 것이 혀의 수중에 있다. 혀가 손을 가지고 있는 것도 아닌데 마치 손처럼 사람을 죽인다. 손은 가까이 있는 사람만 죽일 수 있으나 혀는 화살처럼 먼 곳에 있는 사람도 죽인다. 화살은 방패로 막을 수 있으나 악이 퍼뜨리는 말은 무엇으로도 막을 수 없다. 발 없는 말이 천 리 길을 가기 때문이다. 불을 제어할 수 없듯이 혀를 묶어 둘 장수는 세상에 없다. 그래서 가장 무서운 파괴의 도구는 살상 무기가 아니라 '사람의 혀'다. '새는 노래로써 알고 사람은 그 하는 말로써 안다.'라고 했다. 말이 훈련되어 있지 않은 사람은 자기가 세운 것을 말로 파괴하는 일을 계속한다. 그래서 다른 봉사나 헌신 이전에 책임 있고 덕을 세우는 방식으로 말하는 법을 배우는 것이 중요하다. 여태까지 잘해 놓고도 결국 한마디 말로 그동안 쌓아 놓은 모든 성을 무너뜨릴 수 있기 때문이다.

야고보의 가르침을 따라 우리의 언어생활을 한번 점검해 보자. 말의 깊이는 그 사람의 경건의 깊이다. 말을 적게 하되 쓸 만한 말만 하도록 노력하라. 그리고 그리스도인다운 품위 있는 말, 은혜로운 말, 희망의 말, 긍정적인 말, 그리스도의 복음을 전하는 말을 많이 하도록 하라. 우리의 언어생활에 그리스도의 인격이 표현되게 하시옵소서! 이렇게 기도하며 오늘도 말로 복을 심으며 살기 바란다.

Chapter 20

매 순간 겸손을 구하라

사람이 교만하면 낮아지게 되겠고
마음이 겸손하면 영예를 얻으리라
_ 잠언 29:23

하나님에 대한 우리의 사랑은 사람과
더불어 교제하는 일상생활에서, 즉 이웃을 사랑하는 그 정도
로서 측량된다는 말은 참으로 지당한 말이다. 하나님에 대한
우리의 사랑이 매일매일의 사회생활이라는 현실적인 시험장
에서 그 진실성이 증명되지 않는 한 그것은 거짓이다. 우리의
겸손 역시 그렇다. 하나님 앞에서는 자신을 낮추는 것이 무척
쉽다. 그러나 사람들 앞에서도 겸손한 생활만이 바로 하나님
앞에서도 겸손하다는 유일한 증거가 된다. 다시 말해서 겸손
한 마음과 온유한 심정은 사람과의 관계나 서로를 대하는 태

도에서 나타난다는 것이다. 그리스도의 겸손을 이웃에게 나타내지 못하면 하나님 앞에서의 겸손 또한 가치 없는 것이 되고 만다. 그러므로 자신의 삶과 그 생활 속에서 겸손을 배우기 위해 노력해야 한다.

겸손한 사람은 언제나 하나님의 말씀을 따라 행동하기에 힘쓴다. 사실 지혜나 재능에 있어 자신보다 훨씬 뒤떨어지는 사람을 어떻게 높이 평가할 수 있겠는가?

그러나 그 질문은 마음속의 참된 겸손이 무엇인지 모르기 때문에 생기는 것이다. 하나님을 생각하면 자기는 진실로 아무것도 아니라는 것을 스스로 깨닫고, 하나님만이 우리의 모든 것이 되게 하기 위해 자신을 완전히 낮출 수 있을 때 나타나는 것이 겸손이다.

겸손한 자는 자기중심의 모든 생각을 끊어 버리고 모든 사람 앞에서 자기를 낮춰 아무것도 아닌 것으로 여기게 되며, 또 자신을 먼저 생각하지 않고 하나님의 종으로 또는 모든 사람의 종으로 생각하게 된다. 어떤 종은 주인보다 더 지혜로울 수도 있다. 그러나 신실한 종이라면 역시 종으로서 마땅한 정신과 태도를 가져야 한다. 진정으로 겸손한 사람은 가장 연약하고 가장 보잘것없는 하나님의 자녀들을 오히려 우러러보며 그들을 존경하고 섬긴다.

겸손한 사람을 찾으려면 그의 평범한 일상생활을 살펴보아야 한다. 겸손은 주님이 언제나 가르치신 바였다. 제자들 중에 누가 가장 큰가 하는 말다툼이 일어났을 때 혹은 바리새인들이 연회 석상에서 또는 회중에서 윗자리를 좋아하는 것을 보았을 때 가르치신 것도 바로 겸손이었다.

제자들의 발을 씻기던 그리스도의 정신이야말로 우리로 하여금 가장 작은 자, 즉 종이 되는 것을 가능하게 한다. 겸손한 사람에게는 시기와 질투가 없다. 겸손한 사람은 자기 앞에서 다른 사람들이 섬김과 존경을 받을 때 기쁨으로 하나님을 찬양한다. 다른 사람은 칭찬 받고 자기는 오히려 뒤로 밀려나거나 인정받지 못해도 참을 수 있다. 이러한 사람은 예수님이 자신을 위하지 않고 스스로 높이지 않은 그 마음을 받아들인 것이다.

유명한 흑인 교육가 부커 워싱턴 박사가 앨라배마 주에 있는 터스키기 대학교의 총장으로 취임한 후 그 지역의 백인 부자들이 살고 있는 동네를 산책하고 있었다. 그때 어느 부인이 그가 워싱턴 박사인 줄 모르고 불러 세워서는 몇 달러 줄 테니 장작을 패달라고 했다. 워싱턴 총장은 그때 특별히 할 일이 없었고 시간도 여유가 있었기 때문에 웃으며 소매를 걷어붙이고 장작을 패서 벽난로 옆에 차곡차곡 쌓아 주었다. 그가 돌아간 후 그 집의 흑인 하녀가 그를 알아보고는 주인에게 그가 누구인지 알려 주었다.

부인은 너무도 부끄럽고 당황하여 다음 날 아침에 총장실로 찾아가 백배사죄했다. 그러자 워싱턴 총장은 "부인, 괜찮습니다. 저는 가끔 가벼운 육체노동을 좋아합니다. 그뿐이겠습니까? 이웃을 돕는 것은 언제나 기쁜 일이랍니다." 하며 위로를 했다고 한다.

정말 겸손한 사람을 찾기란 쉽지 않다. 하나님은 자신을 낮추고 겸손한 사람을 세워 주신다.

프랑스의 베르사유 궁전에는 1천 개의 거울로 된 유리 홀이 있다. 그곳에 들어가서 손을 내밀면 1천 명의 사람들이 자신을 환영하는 것처럼 보이며, 또 살며시 웃으면 1천 명의 사람들이 자신을 향해 웃는 것처럼 보인다. 그러나 그것은 모두 자기의 손과 웃음에 지나지 않는다. 교만한 사람이 바로 이와 같다. 자신에게 몰두해 있고 자신에게 둘러싸여 있으며 자신에 의해 갇혀 있다. 교만한 사람의 눈은 오직 자신만을 향해 있으며, 자신을 만족시켜 줄 아첨과 찬사의 말에 늘 목말라 있다. 자만심이라는 병은 다른 사람은 다 아는데 정작 당사자는 그 사실을 모른다.

유명한 작가 버나드 쇼가 한번은 맛있는 커피를 만드는 비결을 알고 있다며 사람들에게 자랑을 했다. 그러자 어느 시골 목사가 그 소문을 듣고 편지를 보내 비결을 물었다. 쇼는 즉시 그 비결을 써서 보냈다.

그리고 그 뒤에 이렇게 덧붙였다.

"당신의 요청이 진지한 것이길 바라며, 혹시 내 사인을 하나 얻으려는 잔꾀가 아니길 바랍니다."

목사는 이 말이 함축하는 의미를 그냥 지나치면 안 되겠다고 생각하여 답장을 보냈다.

"맛있는 커피의 비법을 알려 주셔서 감사합니다. 나는 진심으로 그 방법이 궁금했습니다. 내 진심을 보여 주기 위해 당신이 그렇게도 귀하게 여기지만 내게는 아무 쓸모없는 당신의 사인을 그대로 다시 보냅니다."라며 쇼가 사인한 편지를 돌려보냈다.

겸손은 인간의 미덕이다. 겸손한 사람은 이웃의 마음을 배려해서 말하고 행동하지만 교만한 자는 자기 자랑만 늘어놓아 상대의 마음을 상하게 한다.

예수님은 겸손의 대가시다. 예수님의 겸손은 상대를 헤아리는 배려에서 출발한 것이다. 예수님은 상대가 시간을 요청하면 기꺼이 시간을 내주셨다. 고통과 아픔을 호소하거나 외로움으로 신음할 때는 지체 없이 달려가 그들을 보듬어 주셨다. 세상은 이러한 배려, 상대를 위하는 겸손과 사랑으로 따뜻해지는 것이 아닐까 하는 생각을 한다.

Power of Wisdom

이 험난하고 어려운 세상을 먼저 살아온 아버지로서 아들에게 해주고 싶은 말이 너무도 많다. 건강해야 한다는 것, 공부를 열심히 하고 항상 노력해야 꿈을 이룰 수 있다는 것, 친구와 좋은 관계를 유지해야 한다는 것 등 해도 해도 끝이 없지만 이 모두가 잔소리처럼 들릴 수도 있을 것이다.

모든 것이 중요하지만 그중에서도 가장 중요한 것은 믿음의 가정을 이루는 일이라고 생각한다. 배우자를 선택해서 가정을 이루는 일, 자기 배필을 사랑하는 일, 자녀를 믿음 안에서 기르는 일 등 행복한 가정을 이루기 위해 준비하는 것이 얼마나 중요한지를 알아야 할 것이다. 가족은 힘겨운 세상 가운데 지친 삶을 함께할 동반자며, 삶의 시작과 끝을 함께하는 것 또한 가족이기 때문이다.

Part 3

아버지가 아들에게
들려주는 지혜

Chapter 21

배우자 선택의 기준을 세우라(I)

누가 현숙한 여인을 찾아 얻겠느냐
그의 값은 진주보다 더하니라
_ 잠언 31:10

결혼을 앞둔 기독교 젊은이들이 가장 비중을 두는 배우자의 기준은 '신앙'보다 '원만한 성격'인 것으로 나타났다. 또 배우자 간의 나이 차이는 2~4세 정도를 바람직하게 여기고 있는 것으로 조사되었다. 이 같은 내용은 기독교 가정전문결혼정보회사인 CYM 코리아(대표 박준배 장로)가 서울 거주 미혼 기독 청년 500명을 대상으로 실시한 전화 설문 조사의 결과로서, 최근 기독 청년들의 결혼관을 보여 주고 있다.

이 조사에 따르면 기독 미혼자들이 배우자 선택 시 우선적으로 고려하는 기준은(복수 응답으로 세 개까지 허용) 성격(47.3%), 신앙(41.2%), 경제력(38.9%), 인상(37.9%), 교양(28.5%), 장래성(28.3%) 순으로 나타났다. 특히 여성은 남성의 경제력(57.8%)을 많이 고려하는 경향을 보였으며, 남성은 성격(62.6%)과 신앙(57.4%)을 중요시했다.

배우자의 성격에 있어서는 여성은 '다정다감하고 부드러운 성격'(37.1%)과 '여자를 배려할 줄 아는 성격'(29.0%)의 남자를 선호했으며, 남성은 '밝고 명랑한 성격'(48.8%)과 '애교스런 성격'(26.0%)의 여자를 원하는 것으로 조사되었다.

배우자에 대한 희망 신체 조건 중 키는 남성의 경우 174.3센티미터(평균), 여성은 161.7센티미터(평균)를 원했으며, 형제 관계로는 남녀 모두 차녀(47.7%)나 차남(71.3%)을 원했다. 특히 여성의 경우 차남 선호도가 남성의 차녀 선호도에 비해 23.6%나 높았으며, 장남(7.1%)이나 장녀(10.3%)를 원하는 경우는 매우 낮은 편이었다. 나이 차이는 남성의 경우 3, 4세 연하의 여성(34%)을, 여성은 2, 3세 연상의 남성(45%)을 원하는 것으로 나타났다.

CYM 코리아의 박준배 대표는 "표면적인 설문 조사였지만 미혼 기독 청년들의 의식을 파악할 수 있었다."라며 "신앙 안에서 서로가 원하는 배우자를 만나기 위해서는 충분한 기도와

준비가 필요하다."라고 강조했다.

배우자를 선택할 때는 외모나 옷차림 그리고 그 사람이 남들 앞에서 취하는 행동 등 겉으로 드러나는 것보다 그 이상을 볼 줄 알아야 한다. 그러나 과연 당신은 그런 것들을 갖추기 위해 노력하고 있는지 자문해 보기 바란다. 겸손하게 자신을 돌아보고 살펴볼 줄 아는 태도를 가져야 한다. 자기에게 맞는 짝을 찾는 일뿐만 아니라, 더 중요하게는 자기 자신이 제대로 된 짝이 되는 일에 집중해야 하는 것이다.

그렇다면 사람의 인격은 어떤 방법으로 평가할 수 있을까? 먼저 그 사람의 참모습을 드러내는 '사소한 행동들'을 주의 깊게 관찰할 필요가 있다.

즉, 하나님과 어떤 관계를 가지고 있는가? 다른 사람들과 (윗사람, 부모, 이성 간, 친구들과의 관계 등) 어떤 관계를 가지고 있는가? 얼마나 규율 있는 사생활(시간, 경제력, 건강한 몸 관리 등)을 하는가? 이 세 가지는 그 사람의 인격을 들여다볼 수 있는 창문과도 같다.

배우자를 선택하는 데 있어 행동 다음으로 중요한 기준은 태도다. 태도란 사람이나 사물에 대한 관점, 삶을 바라보고 그에 대응하는 방식을 말한다. 크리스천에게는 단순히 긍정적인 사고 이상을 의미한다. 즉, 자신과 다른 사람들, 그리고 자신이 처한 상황들을 하나님의 관점에서 보기 위해 힘쓰는 것을 말한다.

신앙심 깊은 태도를 나타내는 핵심적인 내용들로는 하나님께 기꺼이 순종하는 태도, 겸손한 태도, 근면한 태도, 모든 상황에서 하나님이 다스리고 계심을 아는 만족과 희망이 있는 태도가 있다.

벤자민 프랭클린은 "결혼하기 전에는 눈을 크게 뜨고 찾아라. 그러나 결혼하고 나서는 눈을 반쯤 감고 살아라."라고 말했다. 결혼 생활에는 하나님이 준비해 주시는 것에 대한 믿음과 상대방의 불완전함을 기꺼이 용서할 줄 아는 마음이 필요하다. 상대방의 결점에 '눈을 반쯤 감아' 주는 자비로운 마음 말이다.

배우자 선택에 있어 하나님의 뜻을 분별하려는 사람들에게 도움이 될 수 있는 세 가지 지침이 있다. 첫째, 기도와 성경 공부 그리고 묵상을 통해 하나님의 뜻을 직접적으로 분별해야 한다. 둘째, 부모나 다른 가족 구성원 혹은 친구로부터 지혜를 구해야 한다. 서로의 장단점과 필요들을 잘 알고 있는 믿을 만한 사람들이라면 진정 도움이 되는 전망을 제시해 줄 수 있다. 한 쌍의 남녀가 그들의 인격을 점검하고 기대치들을 분명히 설정하기 위해 객관적인 전문가나 목사를 찾아가 결혼 전에 상담을 하는 것도 큰 유익이 된다. 셋째, 친분이 두터운 다른 그리스도인들로부터 지혜를 구해야 한다. 그리스도의 지체는 공동의 문제를 받아들이고 그것에 대해 승인하거나 거절할 것이다. 하나님의 뜻은 성경적으로 균형 잡힌 접근을 통해 가장 잘 분별된다. 여기서는 세 가지 측면, 즉 당사자와 가족 및 가까운 친구, 그리고 기독교 공동체로부터 주어지는 정보가 잘못된 결정을 내리지 않게 하는 제어 장치 역할을 한다.

인생에서 결혼 상대자, 곧 배우자를 선택하는 일은 삶의 행복과 불행을 결정짓는 대단히 중요한 문제다. 그래서 아브라함도 이삭의 배우자를 선택하기 위해 아주 세심한 정성을 기울였다. 믿는 자들은 결혼하기 전에 교제를 할 때부터 반드시 '하나님'을 포함시켜 생각해야 한다. 다시 말해서 결혼을 앞두고 있는 젊은 그리스도인들은 이성을 만날 때 하나님을 배제한 채 둘이서만 결혼 계획을 세워서는 안 된다는 것이다. 그런 결혼은 하나님의 축복을 받지 못하기 때문에 불행한 결혼 생활로 이어질 가능성이 높다.

누구나 그렇듯이 진정한 배우자를 원한다면 그 문제를 놓고 하나님과 진지하게 상의하면서 기도로써 도움을 구하라.

그렇게 하면 하나님이 당신을 위해 오래전부터 준비해 놓으신 가장 좋은 배우자 앞으로 인도하실 것이다.

　　루스벨트 대통령의 부인인 엘리노어 루스벨트 여사는 "미래는 자신의 꿈이 아름답다고 믿는 사람들의 것이다."라고 말했다. 미래를 함께할 멋진 배우자를 찾았다면 이미 성공의 반을 얻은 것이나 다름없다.

Chapter 22

배우자 선택의 기준을 세우라(Ⅱ)

어진 여인은 그 지아비의 면류관이나
욕을 끼치는 여인은 그 지아비의 뼈가 썩음 같게 하느니라
_ 잠언 12:4

순간의 선택이 10년을 좌우한다는 가전제품의 광고 문구가 기억난다. 그러나 결혼은 순간의 선택이 평생을 좌우한다. 그래서 다들 바른 선택을 위해 깊이 고민하고 마음을 모은다. 선택의 방법도 가지가지여서 경건주의파(신앙 좋고 믿음 좋고!)가 있는가 하면 자포자기형(아무려면 어때)이 있고, 외모 밝힘형(기왕이면 다홍치마)도 있다. 간판 추구형(적어도 '사' 자 돌림은 되어야지)도 있고 감각 감성파(왠지 느낌이 좋아. 텔레파시가 통해!)도 있다.

그러나 과연 어떤 선택이 가장 바른 것일까? 포크로 빵을

찍듯 단숨에 콕 찍을 수는 없는 노릇이다. 이런 기준을 적용해 보는 것은 어떨지 한번 생각해 보자.

1. 정말로 나를 사랑하는가?

보통 이렇게들 사랑을 고백한다. '난 너를 원해. 그래서 널 사랑해!' 혹은 '너를 사랑해. 그래서 네가 필요해!'라고 말이다. 그러나 이 두 문장에는 엄청난 차이가 있다. 많은 사람들이 결혼을 하는 목적은 오직 한 가지, '결혼한 사람'이 되기 위한 것이다. 그래서 결혼이 비극이 될 수도 있는 것이다. 상대가 나를 원하는 것이 단순히 액세서리나 훈장을 달기 위한 것이라면 반드시 피해야 한다. 내가 먹이를 사냥하는 사랑의 사냥감이 될 필요는 없기 때문이다.

나를 사랑하기 때문에 내가 필요한가? 아니면 내가 필요하기 때문에 사랑한다고 말하는가? 이것이야말로 가장 먼저 물어보아야 할 질문이다. 그 사랑을 확인하라.

"사랑은 오래 참고 사랑은 온유하며 시기하지 아니하며 사랑은 자랑하지 아니하며 교만하지 아니하며 무례히 행하지 아니하며 자기의 유익을 구하지 아니하며……(고린도전서13:4,5)."

이 가운데 50점만 줄 수 있어도 성공이다. 나머지 50점은 함께 채워 가야 한다.

2. 기다릴 수 있는가?

하나님이 아담에게 처음부터 짝을 주셨던 것은 아니다. 동물들에게 이름을 주고 있는 동안 다들 짝이 있는데 자기에게만 짝이 없음을 알았다. 하나님은 아담이 배필의 필요를 발견할 때까지 기다리고 계셨다. 그 기다림 후에는 상대를 알기까지 교제하며 적어도 사계절을 겪어 보아야 한다. 단순한 계절을 뜻하는 것이 아니다. 마음의 사계절을 지내보아야 한다. 가을의 풍성함만이 아니라 여름의 생명력과 봄의 들뜸과 겨울의 황량함을 지켜보라. 그런 다음에 비로소 선택해도 늦지 않다. 기다려 본 것이야말로 가장 확실한 시험법이다.

3. 신앙적 호감을 느끼는가?

선택의 기준 가운데는 A(age), B(background), C(character), D(degree), E(economy), F(faith), G(green) 따위가 있다. 이 중에서 의외로 사람들이 F를 너무 가볍게 여기는 경향이 있다. 성경은 분명히 이른다. "믿지 않는 자와 멍에를 함께 메지 말라(고린도후서 6:14)."라고 말이다. 즉, 불신자와 결혼하지 말 것을 명시하고 있다. 그런데도 사람들은 타협을 시도한다.

'불신자도 전도하면 되잖아요?'

'그럼 누가 불신자를 전도하나요?'

아뿔싸! 성경은 그런 '구제 결혼'을 결사반대한다. 결혼은 물건처럼 하자가 있다고 해서 바꿀 수 있는 것이 아니다. 때문에 처치맨(church man)만 가지고도 어렵다. 결혼은 그 이상의 문제다. 함께 사는 것 자체가 멀고도 험한 길인데 갈등을 겪으며 산다는 것은 얼마나 어려운 일이겠는가. 이것을 기억하라.

'훌륭한 신앙은 훌륭한 인격을 만들어 내지만 훌륭한 인격이 신앙을 만들어 내지는 못한다.'

4. 환경의 인도가 있는가?

"아브라함의 하나님 여호와여 원하건대 오늘·나에게 순조롭게 만나게 하사 내 주인 아브라함에게 은혜를 베푸시옵소서 (창세기 24:12)."

아브라함의 부탁에 따라 신붓감을 구하기 위해 떠나는 종은 이렇게 기도했다. 그리고 하나님의 인도를 시험하기로 했다. 우물곁에 서 있다가 여자가 물을 길으러 오면 물을 마시게 해달라고 부탁할 것이며, 이때 그녀가 낙타를 위해서도 물을 긷는 친절을 보여 주면 하나님이 인도해 주시는 '그 사람'이라고 믿으리라 마음먹은 것이다. 그런데 그가 기도를 마치기도 전에 '리브가'가 나타나 그의 바람대로 행동을 취하는 것이었다. 노종은 놀라 하나님을 찬송한다. 그리고 그녀의 부모에게 경과를 설명하고 확인한다.

"이제 당신들이 인자함과 진실함으로 내 주인을 대접하려거든 내게 알게 해주시고 그렇지 아니할지라도 내게 알게 해주셔서 내가 우로든지 좌로든지 행하게 하소서(창세기 24:49)."

하나님은 결혼에 관련된 대부분의 해당자들에게 그 만남을 확신하도록 환경적으로 인도하신다.

5. 기도를 하면 마음이 편안해지는가?

하나님은 그 기쁘신 뜻을 위해 우리에게 소원을 두고 행하신다. 따라서 우리 속에 끊임없는 소원과 갈망이 있다면 소홀히 하지 말아야 한다. 그리고 그 일을 위해 지속적으로 기도해 보라. 그때 마음속에 평안이 찾아오고 그것이 오랫동안 지속된다면 확신해도 좋다. 그러나 여기서도 확인 절차가 필요하다. 당신에게 말씀해 주시는 하나님은 상대방에게도 말씀해 주실 것이기 때문이다. 만일 여전히 "육체가 편하지 못하였고 사방으로 환난을 당하여 밖으로는 다툼이요 안으로는 두려움"이 있다면(고린도후서 7:5) 다시 돌아보아야 한다. 그리고 보다 성숙한 선배들에게 상담을 구하라.

6. 영적인 도전이 있는가?

하나님은 우리를 "사람의 줄 곧 사랑의 줄(호세아 11:4)"로 인도해 주신다. 하나님의 방법은 언제나 사람이다. 그 또는 그녀로 인해 내가 하나님의 사랑을 느낄 수 있고 하나님의 메시지를 들을 수 있다면, 그래서 나의 성장과 성숙에 도움을 입고 있다면 하나님의 인도로 확신해도 좋다. 이렇게 우정을 나누며 서로에게 좋은 도전을 줄 수 있다면 하나의 연합체로서 이 세상을 향해 책임 있게 발걸음을 내디딜 수 있는 동반자라 할 수 있다.

7. 보너스 : 나를 웃게 할 수 있는가?

웃음은 단순히 기분이 아니라 세계관이다. 웃음은 관계 건축가라고도 불린다. 웃음이 있다는 것은 사물을 객관적으로 볼 수 있는 안목이 있음을 의미한다. 만날 때마다 심각한 이야기만 나눈다면 무엇인가 정신적인 문제가 있는 것이다. 웃음은 고난을 헤쳐 나갈 수 있는 태도를 말한다. 그리고 가장 큰 자산이다. 정말 나를 웃게 할 수 있는가? 쓸데없이 헤프거나 경박한 웃음을 말하는 것이 아니다. 진정으로 웃을 수 있는가? '나'를 위해서 말이다.

결론적으로 결혼은 자기와의 싸움이다. 믿음의 가정을 꾸려나가기 위한 스스로의 노력이 반드시 필요하단 것이다.

모든 것을 주님께 맡기고 상대방을 따스한 눈길로 바라보라. 그리고 마음을 비우라. 그러면 어느 순간 상대방이 나의 일부로 느껴질 것이다. 심각하게 생각할수록 더 멀어지는 것이 결혼이다. 결혼은 퇴근 후에 집으로 돌아오듯이 자연스럽게 받아들이도록 노력해야 한다는 것을 명심하라.

Chapter 23

믿음의 명문 가정을 세우는 데 힘쓰라

여호와를 경외하는 자에게는 견고한 의뢰가 있나니
그 자녀들에게 피난처가 있으리라
_ 잠언 14:26

자녀를 키우는 부모들은 칼릴 지브란의 시에 귀를 기울여야 한다.

"그대의 아이들은 그대의 아이가 아니다. 그들이 비록 너희를 통해 태어났지만 너희로부터 온 것이 아니다. 그러므로 그들이 그대들과 함께 지낸다 해도 너희에게 속한 것은 아니다. 아이들에게 그대의 사랑은 주되 그대의 생각까지 주려고 하지는 말라. 왜냐하면 아이들은 그들 자신만의 사명을 가지고 태어났기에……. 그대는 그대의 아이들을 날아가는 화살처럼 앞으로 나아가게 하는 활이니, 우리를 활 쏘는 분인 하나님이 무한한 길 위에 표적을 놓아두고, 그분의 화살이 빨리 그리고 멀리 갈 수 있도록 그분의 능력으로 활을 당기는 것뿐이다."

시간이 지나면 우리의 활에서 떠나게 될 아이들을 어떻게 가르쳐야 하나님의 뜻에 합당한 방향으로 나가게 할 것인가를 생각해야 한다.

유대인들은 아버지가 유대인이 아닐지라도 어머니가 유대인이면 자기도 유대인이라고 강하게 확신한다. 그 이유는 유대인들에게 어머니의 영향력이 매우 크기 때문이다. 디모데는 외할머니 로이스와 어머니 유니게로 이어지는 신앙의 가문에서 청결한 양심과 믿음을 이어받으며 자랐다. 디모데를 보면 자녀 교육의 중요성을 생각하지 않을 수 없다.

가정은 신앙 교육의 장으로서 하나님의 창조 질서를 유지하고 발전시키는 일차적인 기관이며 교회의 원형이다. 따라서 자녀를 하나님의 진리로 양육하는 근본적인 책임은 가정에 있다. 자녀를 신앙으로 올바르게 교육하는 것은 하나님의 명령이며, 복음을 전하는 사역과 신앙적 유업을 물려주는 일과도 깊은 연관을 가지고 있다.

바람직한 자녀 교육은 부모의 생각이나 욕구를 자녀를 통해 실현하는 것이 아니라, 근본적으로 자기의 자녀를 그리스도의 진리와 인격에 겸손히 부탁하는 것이다. 부모는 자녀 교육에서 하나님과 자녀를 연결시켜 주는 고리 역할을 담당해야 한다.

미국의 명문 대학 가운데 하나인 프린스턴 대학교를 설립한 보수 신학자 조나단 에드워즈의 가정과 뉴욕에서 술집을 경영하다 거부가 된 마이크 슐츠라는 무신론자의 가정에 관한 다음의 이야기는 그 시사하는 바가 매우 크다.

뉴욕 시 교육 위원회에서 이 두 가문의 후손들을 조사한 결과 흥미로운 사실을 알게 되었다. 우선 에드워즈의 5대에 걸친 후손들을 살펴보니 전체 인원은 896명이었고 그 가운데 선교사와 목사가 116명, 교수나 학장이 86명, 문학가가 75명, 실업가가 73명, 장로나 집사가 286명으로 나타났다. 이 외에도 부통령을 지낸 사람도 있었고, 상원 의원을 한 사람은 네 명이나 되었다.

반대로 가정을 의식주를 위한 곳으로만 생각했던 슐츠의 후손들은 전혀 다른 인생을 살고 있었다. 슐츠의 후손은 모두 1,062명이었는데 그중 교도소에 수감된 사람이 96명, 정신 장애인과 알코올 의존자가 58명, 윤락녀가 65명, 영세민이 286명, 무학자가 460명이나 되었다.

미 국무성 교육부가 1984년 모범 가정을 선정했는데 그 가정은 미국의 백인 가정도, 유대인 가정도, 독일인 가정도, 일본인 가정도 아니었다. 뜻밖에도 한국인 가정이었다. 바로 고광림, 전혜성 박사 부부가 그 주인공이었다.

고 박사는 서울대학교에서 최연소 법학 교수였을 뿐 아니라 무려 5개 부문의 학위를 가졌으며 주미 공사를 지낸 사람이었다. 부인인 전 박사는 예일 대학교의 교수로 사회학을 가르쳤다. 여섯 자녀 모두가 예일대와 하버드대, 옥스퍼드대를 졸업했다. 3남은 미 연방 정부 인권 담당 차관보를 맡기도 했다. 미국인들조차 혀를 내두르며 연구 대상으로 삼은 가정이다. 무엇이 그 자녀들로 하여금 미국 사회에서 성공하게 만들었을까?

기자의 질문에 전 박사는 흥미로운 이야기를 하나 했다. 그것은 다름 아닌 '새벽 식탁'이었다. 고 박사는 롱아일랜드 대학교에 출강하기 위해 매일 새벽 3시 52분에 기차를 타야 했다. 이 때문에 자녀들과 함께할 시간이 부족했다. 그래서 새벽 3시면 아이들 모두가 새벽 식탁을 만들었다는 것이다. 그 시간에 그들은 얼굴을 마주하고 하나님을 찾았다.

전 박사는 『섬기는 부모가 자녀를 큰사람으로 키운다』, 『엘리트보다는 사람이 되어라』 등 여러 저서에서 자신의 자녀 교육법을 상세히 밝힌 바 있다. 그런데 이 가정에는 독특한 원칙이 하나 있다. 어떠한 일이 있어도 아침 식사는 온 가족이 함께 한다는 것이다. 이들 가정의 아침 식사 시간은 새벽 6시 30분인데, 이것은 아이들이 어렸을 때부터 지켜온 가정의 철칙이었다. 아이들이 밤새 공부를 했어도 예외가 없었다. 아침 식사 때 가족들은 학업, 신앙 문제, 인생 고민과 시사적인 이야기를 나누었다. 이것은 어려서부터 하루도 거르지 않고 계속되었다. 이 식탁 교육을 통해 6남매 모두가 가족의 소중함을 알게 되었으며, 신앙과 인생을 배우고 부지런함을 몸에 익혔다.

어느 날 한 모임에서 막내아들이 이런 질문을 받았다고 한다. "당신은 50%가 한국인이고 50%가 미국인입니까?"라고 묻자 막내는 "나는 100% 크리스천입니다."라고 대답했다. 하나님에 대한 신앙이 그 마음의 중심에 있었던 것이다. 어둠과 죄악이 사회를 지배하고, 마귀가 우리 자녀들을 넘어뜨리기 위해 호시탐탐 노리고 있는 이 위기의 시대를 극복하기 위해 고 박사의 가정처럼 부모들이 식탁을 적극 활용해야 한다. 식탁을 강대상으로 생각하여 그 식탁에서 하나님의 말씀이 자녀들의 심령을 흠뻑 적시도록 해야 한다.

영국 케임브리지 대학교의 총장이었던 모건 박사가 이런 말을 했다.

"결혼을 하고 새살림을 차렸을 때 아버지가 찾아오셨다. 아버지는 집 안 이곳저곳을 살펴보시더니 '집이 참 좋구나. 그런데 아무리 둘러봐도 네가 하나님의 사람인지 사탄에게 속한 사람인지 도무지 종잡을 수가 없구나.'라고 말씀하셨다."

그리고 슈바이처는 "나는 어려서부터 아버지 손에 이끌려 예배당에 가서 예배를 드리는 동안 경건이라는 것을 배웠다." 라고 했다. 이처럼 부모가 하나님을 가정의 주인으로 모시고 자녀들이 주님의 뜻을 따라 살도록 양육할 때 그 가정은 분명 신앙의 명문 가정이 될 것이다.

러시아의 철학자 알렉산드르 솔제니친은 이렇게 말했다.

"반세기 전 내가 아직 어렸을 때 나이 든 어른들이 러시아에 닥쳤던 큰 재난의 원인을 다음과 같이 설명하던 것을 기억한다. '사람들이 하나님을 잊어버렸고 바로 그 때문에 이 모든일이 일어났다.' 그 후 나는 50년 가까이 러시아 혁명의 역사를 연구하면서도 그보다 더 정확하게 그 이유를 설명할 길을 찾지 못했다."

믿음의 가문을 일으키기 위한 최선의 방법은 딱 한 가지다. 바로 지금 하나님을 찾으라.

Chapter 24

하루에 한 번 자녀를 축복하라

근심이 사람의 마음에 있으면 그것으로 번뇌하게 되나
선한 말은 그것을 즐겁게 하느니라
_ 잠언 12:25

성경을 보면 축복에 대해 절절히 사무
친 사모와 한을 가졌던 두 사람이 있다. 바로 에서와 야곱이
다. 그들은 아버지의 축복대로 복을 받았으며, 오늘날까지 그
축복이 이어지고 있다. 이와 같이 지금도 부모나 주변 사람들
의 축복의 말이 어린아이들에게 얼마나 큰 영향을 주는지는
말할 필요가 없는 일이다. 구약 성경에서 이 축복은 히브리어
로 '베라카'(berakah)다. 고대 히브리인들에게 베라카는 하나
님의 선하심과 은혜의 힘을 전달하거나 부여하는 것이었다.
이것은 대개 입으로 하는 말을 통해 전달되며 안수 행위를 수

반했다. 아브라함에게 있어 베라카는 하나님의 능력을 부여하는 선포였는데, 이를 통해 하나님은 이스라엘을 하나님의 은혜와 능력을 온 세상에 전달할 수 있는 위대한 민족으로 만드셨다. 히브리인들은 입술로 하는 말에 힘이 있어서 선이나 악을 창조한다고 믿었다. 고대인도 히브리인들이 그랬던 것처럼 한번 말한 것은 그 자체로서 생명을 가진다고 믿었다.

축복이 지닌 특수한 의미는, 가끔 사람 위에 안수하는 상징적 동작을 수반하여 그의 삶에 하나님의 은혜와 능력이 임하기를 말하는 의도적인 행위다. 이는 이삭이 아들 야곱에게 행한 축복, 그 후 야곱이 그의 아들들에게 내린 축복이다. 또한 예수님이 제자들과 아이들에게 주신 축복이다.

유명한 뮤지컬 영화 〈지붕 위의 바이올린〉은 가족 간의 사랑과 갈등을 담은 아름다운 이야기로 수많은 부모들의 심금을 울렸다. 유대인 부부 테비와 골데가 자녀를 경건하게 양육하는 모습, 그리고 자녀들에게 행복하고 생산적인 미래의 성인 생활을 준비시키느라 분투하면서 경험하는 희망과 공포, 확신과 의문을 공감할 수 있다. 가장 인상적인 장면 가운데 하나는 안식일 식탁에 둘러앉은 유대인 가정의 모습이다. 식구들이 모두 모였을 때 그들은 안식일 식탁에서의 고대 관습을 따른다. 어머니는 안식일 촛불을 밝히고 기도하며 남편이 아이들에게 불러 주는 노래를 함께 부른다. '안식일 기도'는 아이들에 대한 소망을 담은 단순한 축복의 노래다.

주께서 너희를 보호하고 지키시며
주께서 항상 너희를 수치로부터 보호하시며
이스라엘의 찬란히 빛나는 이름에
이르게 하시기를 원하노라
룻과 에스더같이 되기를 원하며
찬양 받게 되기를 원하노라
오, 주님! 이들에게 힘을 주옵시며
낯선 자의 길에서 지켜 주시옵소서
하나님께서 너희를 축복하사 장수하게 하시며
주께서 너희를 위한 안식일 기도를 충만케 하시기를 비노라
하나님께서 너희를 훌륭한 어머니와 아내로 만드시고
너희를 돌볼 수 있는 남편을 보내시기를 원하노라
주께서 너희를 보살피고 지키시며
고통에서 보존하시기를 원하노라
오, 주여! 행복과 평강의 은총을 내리시며
우리의 안식일 기도를 들으소서, 아멘!

그리스도인 부부가 좀처럼 듣지 못하는 내용이 이 축복에, 이들의 마음 깊은 곳에서 우러난 바로 이 축복에 나타나 있지 않은가? 우리 가운데 얼마나 많은 부모들이 자녀에게 이와 같은 힘 있는 축복의 말을 일상에서 표현하며 살고 있는가? 우리도 이 성경적 관습을 따라 각 가정의 필요대로 말로 축복할 수도 있고 노래로 축복할 수도 있다. 매일, 매주, 또는 특별한 일이 있을 때마다 자녀를 축복해 보라. 성경에 있는 축복을 암송해도 좋고 자기 고유의 축복을 만들어도 좋다. 가정의 축복 사역이 극 중에서 훌륭하고 아름답게 연출되었듯이 우리의 가정도 그 무대가 될 수 있다.

과연 효과가 있는가? 축복 사역의 긍정적인 영향을 가늠하는 척도는 축복이 행해지고 있는 가정의 자녀들이 축복에 대해 취하는 태도라고 말할 수 있다. 그러나 축복에 대해 아이들이 보이는 적극적 태도의 관점에서만 그 의미를 찾는다면, 축복의 말이 자녀들에게 도대체 무슨 의미가 있겠는가 하고 의심할지도 모른다.

언젠가 지그 지글러가 중국산 대나무에 얽힌 이야기를 한 적이 있다. 앞의 Chapter 9에서 언급한 '모소'라는 그 대나무다. 이 대나무의 씨앗은 앞에서도 말했듯이 여느 씨앗과는 달리 땅에 심으면 싹을 틔우는 것이 아니라 수면에 들어가 버린다. 아무리 영양분을 많이 공급해도, 아무리 정성을 기울여도 잠에서 깨어나지 않는다. 어떠한 성장의 조짐도 없이 그렇게 5년간 수면 상태에 들어간다. 그런 뒤에 한 해 동안 급속히 자라서 자그마치 18미터의 큰 나무가 된다. 그 나무는 비록 수년간 눈에 띄는 성장은 없지만 다른 씨앗과 마찬가지로 양분과 보살핌을 필요로 한다. 수면 기간에 적절한 보살핌을 받지 못하면 그 씨는 결코 나무가 될 수 없다. 농부는 이 사실을 알기 때문에 눈에 보이지 않더라도 씨앗 돌보는 일을 계속한다. 어린아이는 이 중국산 대나무와 흡사하다. 이 기간 동안 아이들을 축복하는 사역에 변함없이 헌신함으로써 부모의 신앙, 곧 역경 속에서의 인내를 자녀에게 보여 줄 수 있을 것이다. 그들이 성장해 가는 모습을 바라보면서 당신이 흔들리지 않는 확신을 표명하는 것은 아이들로 하여금 긍정적 기대를 갖게 한다.

하나님의 이름으로 축복하는 말은 하나님의 힘과 은총을 전달할 수 있다. 수년간 가정 축복이 아이들에게 주는 큰 유익들을 지켜본 결과, 부모와 하나님 앞에서 마음을 열고 정직하게 자신을 드러내게 되었고, 자신의 행동이 잘못되었다는 것을 깨달으면 부모가 시키지 않아도 자기 잘못을 시인할 줄 알

앉으며, 안정감과 만족감 그리고 자존감을 갖게 되었다는 것을 알 수 있었다. 우리가 기꺼이 받아들이고 감사해야 할 신비스러운 일이다. 그러나 매년 신실하게 축복하는 자들이 동의해야 할 한 가지 사실이 있다. 우리는 가정 축복이 옳기 때문에 행하는 것이다. 옳기 때문에 하나님은 우리가 축복하는 자들에게 보상하신다.

이제 우리가 궁극적으로 던져야 할 질문은 '가정 축복이 효과가 있는가?'가 아니라 '나 자신을 축복 사역에 헌신함으로써 내 안에서, 그리고 나를 통해 하고자 하시는 신비스러운 일에 마음을 열 것인가?' 하는 것이다. 우리는 하나님께 결과를 맡기고 믿음 안에서 그 일을 행한다. 그 결과는 우리의 기대보다 훨씬 더 크다. 우리뿐 아니라 다른 많은 사람의 경험들이 가정 축복의 효력을 증명해 주고 있다.

자녀를 축복하는 사역의 길에는 옳거나 그른 것이 없다. 어떤 형태의 축복이든 그것은 아름답고 강력하고 값진 것이다. 한 가지 잘못이 있다면 자기가 뭔가를 그르칠까 두려워 아무것도 하지 않는 것뿐이다. 축복이 조금 미숙하더라도 진실하고 사랑이 담긴 것이라면 전혀 축복하지 않는 것과는 비교도할 수 없다. 당신이 축복 사역을 시작하면 하나님이 복을 주실 것이다. 이제 막 시작하려는 당신을 돕기 위해 몇 가지 유익한 지침을 제시하고자 한다.

- ❖ 자녀의 연령에 제한 받지 말고 곧 시작하라. 그리고 멈추지 말라.
- ❖ 매일 밤 잠자리에 들 때가 자녀를 축복하기에 좋은 시간이지만 꼭 그때 해야 하는 것은 아니다. 하루 일과나 축복하는 횟수와 관련하여 당신의 가정에서 가장 적당한 시간을 정하라.
- ❖ 성경 속의 축복 가운데서 택하거나 자기만의 고유한 것을 창작하되 당신이 할 수 있는 축복의 말을 택하라.
- ❖ 축복이 결코 기도를 대신할 수는 없다. 축복과 자녀를 위해 드리는 기도, 그리고 자녀와 함께 하는 기도는 우리와 하나님과의 대화에 자녀를 참여시키는 중요한 방법들이다.
- ❖ 자녀에게 당신이 무엇을 하는지, 왜 하는지를 설명하라.
- ❖ 자녀를 축복할 때 그들을 안고 머리 위에 손을 얹으라.
- ❖ 자녀를 하나님의 이름으로 축복하라.
- ❖ 가정 축복은 하나님이 우리에게 복을 주시고 우리를 보호하시는 방법 가운데 하나임을 가르치라.

Chapter 25

성경을 먹이는 부모가 되어라

•

•

•

내 아들아 지식의 말씀에서 떠나게 하는 교훈을
듣지 말지니라
_ 잠언 19:27

　　　　　이 시대에 진정 살아 있는 내조의 여왕
으로서의 삶을 보여 주는 존경할 만한 사람이 있다. 시각 장애
인이자 한국인으로서 미국 정부 최고위직인 백악관 국가 장애
위원회 정책 차관보에 오른 강영우 박사 옆에서 30년 넘게 그
의 지팡이 역할을 한 사모 석은옥 여사가 바로 그 주인공이다.
강 박사와 더불어 예일 대학교를 나와 오바마 정부의 입법 관
계 특별 보좌관에 선임되어 관심을 끈 둘째 아들 강진영 박사,
그리고 하버드 대학교를 거쳐 듀크 대학교 안과 전문의로 활
동하고 있는 첫째 아들 강진석 박사를 키워 내기도 했다. '백

악관 부자'(父子)를 있게 한 그녀의 내조와 교육은 다름 아닌 찬송과 기도였다고 한다. 매일매일 찬송하고 기도하고, 한글 교육은 잠언으로 하면서 자녀들을 존귀한 사람으로 인정받도록 양육했다.

자원봉사자로 1년, 누나로 6년을 보내고 평생의 반려자가 되어 '나는 그대의 지팡이, 그대는 나의 등대'라고 서로를 부르는 이 부부의 이야기는 1994년 안재욱과 김혜수 주연의 '눈 먼 새의 노래'라는 드라마로 제작되어 인기를 모았다. 모범적이고 헌신된 삶으로 그녀는 현재 미국 교육 인명사전과 미국 여성사 인명사전에 올라 있다.

1976년 피나는 노력 끝에 박사 학위를 받은 강 박사는 미국 현지 언론에 대서특필되었고, 그 후 한국에서 후진을 양성하고자 금의환향했다. 그러나 부푼 기대는 허무하게 무너졌다. 장애인에 대한 한국 사회의 여전한 편견으로 받아 주는 곳이 하나도 없었고, 지식인들 사이에서의 냉대도 심했다. 아픈 마음을 뒤로한 채 두 부부는 다시 미국행을 선택할 수밖에 없었다.

석 여사는 다른 인종 사이에 섞여 살아야 하는 아이들의 마음에 과연 무엇을 심어 주어야 할지 고민했다. 그녀는 '우리 모두는 하나님의 형상대로 창조된 자녀들'이라는 존귀함을 심어 주어야 자신감이 생겨날 것 같았고, 그래서 각자의 사명이 있으니 하나님이 재능을 주신 만큼 노력해야 한다는 믿음을 교육시켰다.

두 아들과 함께 매일 찬송과 기도를 하고 열심히 교회에 나가 신앙생활을 했다. 큰아들에게 세 살 때부터 기도를 시켰고 이후 간단한 말로 기도하곤 했다. 그러던 어느 날 큰아들이 '하나님, 제게 볼 수 있는 아빠를 주세요.'라는 기도를 했다. 함께 놀아 주는 모습을 보며 아빠가 앞을 못 본다는 사실을 알게 된 것이다. 이때부터 첫째에게 꿈을 심어 주었다. "아빠가 눈을 다치셨을 때 빨리 치료하지 못해 시력을 잃었단다. 그래도 하나님이 축복해 주셔서 교수가 되셨잖니. 이제 진석이가 어른이 되어서 아빠 눈을 고쳐 드리면 어떻겠니?"라고 말했다.

그러자 첫째는 자신이 아버지의 병을 고칠 수도 있다는 사실에 기뻐했다. 아이가 자라면서 간혹 공부에 소홀하고 놀고 싶어 할 때마다 그런 이야기로 격려하며 꿈을 이루도록 이끌었다. 지금은 레이건 전 대통령의 눈을 치료했던 주치의가 있는 병원의 멤버가 되었다.

둘째 아들 진영은 차분하고 책 읽는 것을 좋아했다. 석 여사는 "한글을 가르치면서 성경 말씀을 같이 읽게 해야겠다 싶어 생각 끝에 잠언을 택했다."라며 "방학 때면 잠언 한 권을 다 읽었고 초등학교와 중학교를 거치며 이 같은 습관이 계속되어 많은 지혜를 얻고 하나님의 자녀로서의 계명을 지키겠다는 훈련이 자연스럽게 이루어졌다."라고 말했다. 그리고 한국에서 오는 편지들도 둘째에게 대신 읽게 하여 '한국과 미국에 장애인에 대한 이런 편견과 어려움이 있구나. 변호사로서 대변해 주면 인간의 존엄성을 되찾고 좋은 사회를 만들 수 있겠구나.' 하는 생각을 스스로 갖게끔 해서 변호사로서의 꿈을 품었고 결국 이루게 되었다고 말했다.

자신 역시 한국계 미국인 여성으로서 어떤 역할을 해야 할지를 기도하는 중에 한인들의 미덕을 미국 사회에 알리라는 하나님의 말씀을 따라 코리안 아메리칸 워먼스 클럽을 만들어 어려운 이들을 도왔으며, 28년간 시각 장애인을 위한 교수직을 감당했다.

어린 시절에는 농구 선수 마이클 조단을 가장 좋아했고 학생 시절에는 아버지를 가장 존경했던 아들이 언젠가 "어렵게 삶의 목표를 성취하고 결혼해서 가정을 꾸려 보니 아내와 어머니의 역할이 얼마나 소중한 것인지 깨닫게 되었다. 타인의 아픔에 공감하고 손을 내미시던 어머니, 항상 곁에서 바른길로 인도해 주신 어머니, 개인적인 시간은 조금도 쓰지 않고 오로지 자녀와 가족을 위해 헌신하셨던 어머니를 가장 존경한다."라고 말했을 때는 가슴이 뭉클했다고 고백하기도 했다.

석 여사는 "우리 인생을 계획했던 것은 20년 전에 끝났다. 그런데 하나님을 믿고 순종하자 사람의 계획으로는 갈 수 없는 길로 인도해 주셨다."라며 "하나님이 주신 지혜로 좋은 어머니상을 보여 줄 수 있게 하신 것, 아들이 하나님 말씀에서 지혜를 찾게 해주신 것에 감사한다."라고 말했다.

요즘 세태를 보면 얼굴이 잘생기고, 집안이 좋고, 학력이 높고, 똑똑한 사람을 존귀하게 여긴다. 그 사람의 속을 보기보다는 겉으로 드러난 모습이나 배경을 보기 때문이다. 이런 모순된 세상 속에서 석 여사는 성경의 잠언 말씀으로 자녀들을 교육했다. 자녀들로 하여금 가르침을 잊지 않고 주님의 명령들을 마음에 소중이 간직하는 것이 성공의 길임을 교훈하며, 성실과 사랑을 절대 버리지 말고 마음 판에 잘 새기게 함으로써 하나님과 사람 앞에서 은총과 칭찬을 받는 존재로 키워 냈다.

유대인 어머니들은 자녀를 가르칠 때 반드시 이런 질문을 한다.

"애야, 만일 적군이 쳐들어와 집에 불을 지르고 재산을 모두 훔쳐 간다면 제일 먼저 무엇을 가지고 도망가겠느냐?"

아이들의 대답은 거의 비슷하다.

"금과 돈입니다. 값나가는 물건부터 챙겨야죠."

어머니는 다시 묻는다.

"그보다 훨씬 중요한 것이 있단다. 곰곰이 생각해 보거라. 빛도, 모양도, 냄새도 없지만 가장 소중한 거란다."

아이들은 궁금증을 참지 못하고 어머니에게 대답을 요구한다. 그때 어머니는 이렇게 자녀를 가르친다.

"세상을 살아가면서 가장 소중한 것은 지혜란다. 지혜는 시련을 당할 때 그것을 극복하는 길을 가르쳐 준단다. 지혜는 가난한 사람을 부자로 만들어 주고, 보잘것없는 사람에게 명예를 선물한단다."

유대인이 나라를 잃고 방황하면서도 희망을 포기하지 않은 것은 지혜를 소유하고 있었기 때문이다. 지혜는 인생의 위대한 스승이다. 자녀를 하나님의 말씀으로 교육하는 것은 이 세상 그 어떤 교육보다 더 가치 있고 중요하다. 자녀 교육의 완성은 말씀 교육에 있다.

Chapter 26
가족이라는 이름의 소중함을
기억하라

너를 낳은 아비에게 청종하고
네 늙은 어미를 경히 여기지 말지니라
_ 잠언 23:22

       지난 추석에 어머니를 뵈러 갔을 때였다. 나는 100세가 다 되어 가는 어머니가 걱정되고 염려스러워 인사를 드리러 갔는데 어머니는 도리어 자식 걱정뿐이시다.

"잠은 푹 자야 한다. 밥때는 거르지 말고 꼭 챙겨 먹어라. 아이고! 우예 얼굴에 살이 쏙 빠졌노! 그 많은 성도 앞에서 설교하기가 얼마나 힘들면 이렇겠노. 네가 어릴 때부터 성질이 악착같아서 좀 쉬어 가면서 해야 한다. 그래, 목회하기가 얼마나 힘드노. 내 너를 위해 할 수 있는 것은 날마다 기도뿐이다."

100세가 다 된 어머니가 안타까운 눈빛으로 한 손은 내 손을 잡고, 한 손은 어깨를 쓰다듬으며 나이 많은 자식 걱정에 눈물을 흘리면서 기도하셨다.

그때도 그랬다. 동두천에서 군 생활을 할 때의 일이다. 당시는 벌써 입대한 지 1년이 넘은 상병 때였다. 아침 일찍 부대에 노인 두 분이 동두천 길에서 나를 찾고 있다는 전화가 걸려 왔다. 아들이 보고 싶은 70대 어머니와 60대 이모님이 함께 사흘 동안 길을 물어물어 전방까지 오신 것이었다. 어젯밤에 도착했으나 돈이 아까워 여관에 들어가지 않고 잠을 자기 위해 찾은 곳이 교회였는데, 관리인에게 거절당해 교회 마당 계단에서 밤을 새우신 모양이었다. 그리고 이튿날 아침 부대로 전화를 하신 것이다.

두 노인이 나를 찾고 있다는 말에 차를 타고 시내로 나갔더니 두 분이 지친 기색이 역력한 채로 길에 서 계셨다. 나는 지금도 그 순간을 잊지 못한다. 눈물이 왈칵 터졌다. 어떻게 경북 북삼에서 동두천까지 이른 아침에 오셨는지 궁금했다. 나중에 알고 보니 어제 오셔서 그렇게 교회 마당에서 밤을 보내셨던 것이었다. 두 분이 계단에 앉은 채로 날을 지새운 것을 생각하니 속이 상하고 화가 치밀었다. 도대체 자식이 뭐길래, 알지도 못하는 먼 길을 고생 고생 찾아오시게 한 것이 죄송했고, 또 편하게 눕지도 못한 채 두 노인이 손을 꼭 잡고 잠이 드셨다니 가슴이 메어 왔다.

그렇게 어머니와 이모님을 뵙고 나서 집으로 내려가는 차에 태워 드린 후 부대로 돌아오는데 눈물이 앞을 가려 밭길을 제대로 찾을 수가 없었다. 가다가 논두렁에 앉아 엉엉 울고 또 일어나 발걸음을 옮기다가 앉아서 울기를 반복했다. 지금 생각해 봐도 과연 내가 어머니를 위해 사흘 동안 굶어 가며 머나먼 길을 찾아 나설 수 있을지 모르겠다.

어머니 하면 낡고 닳아 해어진 고무신 한 짝이 떠오른다. 평생을 마음껏 가져 보지 못하고 헌 고무신처럼 죽어라 고생만 하시며 살아오신 어머니. 이제 어머니가 내 곁에 계실 시간이 얼마 남지 않았음을 느낀다. 언제일지 모를 그날까지 내가 어머니의 은혜를 다 갚을 수 있을까?

허리도 굽으시고, 검은 머리가 한 가닥도 남아 있지 않았다. 너무 늙으셔서 예전처럼 맛있는 문주를 부쳐 주시지도 못하고, 개떡을 쪄주시지도 못하고, 누룽지에 설탕을 뿌려 주시지도 못한다. 뜨거운 밥에 올려 먹던 어머니의 얼짠지가 그렇게 맛있었는데, 이제는 그때 그 맛을 내시지도 못한다. 같이 봄나물을 뜯으러 다닐 수도, 도토리를 따러 다닐 수도 없다. 그래서 가슴이 아프고 어머니를 생각하면 자꾸만 눈물이 난다.

30년 전 대구에서 있었던 일이다. 내가 아는 목사님의 사택에 시골에 계시던 연로하신 아버지가 올라오셨다. 목사님의 아버지는 술을 안 마시면 잠을 못 자는 분이었다. 아들 목사에게 늘 "가게에 가서 소주 한 병 사오너라." 하셨다. 목사님은 난감했다. 지금처럼 자가용이 있는 것도 아니어서 멀리 갈 수도 없고, 밤이라 멀리 갔다가 가게 문이 닫히기라도 하면 낭패니 어쩔 수 없이 가까운 데서 소주를 샀다. 남의 눈에 뜨일까 조심조심 가슴에 품고 집에 와서 아버지께 드렸다. 아버지는 자식 속도 모르고 한 병을 다 드시고는 곤히 잠이 드셨다. 이렇게 매일 밤 소주 한 병을 사서 가슴에 품고 와 아버지께 드렸다.

그런데 꼬리가 길면 잡히는 법이라고, 목사님이 밤마다 술을 사들고 가는 것을 성도들이 알게 되어 당회까지 열리게 되었다. 모두가 목사님이 술을 마시는 것으로 오해를 했던 것이다. 목사님 입장에서는 아버지를 편히 주무시게 하려고 그랬던 것인데, 일파만파로 사실과 다르게 말이 부푸는 바람에 일이 커져 버렸다. 그런 상황에서 변명을 하는 것도 좋아 보일 것 같지 않아 목사님은 아무 말도 못하고 사임하게 되었다. 그 후 이사를 하는 날 목사님의 아버지가 드디어 사건의 내막을 알게 되었다. 아버지는 교인들에게 눈물을 흘리며 아들이 먹은 것이 아니라 자신이 먹은 것이라고 털어놓고는 이제부터 술도 끊고 예수도 믿겠다며 목 놓아 우셨다. 그제야 교인들은 목사님이 아버지를 위해 술을 샀던 것임을 알고 효심이 지극한 목사님을 보낼 수 없다며 이삿짐을 풀어 드리고 평생 모시게 되었다.

부모라는 존재는 자식이 자랄 때 그 마음을 너무도 잘 알고 늘 채워 준다. 손잡고 길을 걷다가 빵집 앞에서 조금만 발걸음이 느려져도 먹고 싶은 마음을 알아채고 빵을 사주셨다. 장을 보러 시장에 따라갔을 때도 옷을 만지작거리면 당신 옷은 못 사도 자식 옷을 사주는 것만으로도 기뻐하셨다. 그 옷을 입고 좋아서 뛰어다니는 자식의 모습이 곧 자신의 기쁨이었다. 그때는 부모는 원래 다 그런 줄 알았다. 부모는 당연히 그런 사람인 줄 알았다. 가족의 울타리가 얼마나 소중한지 미처 몰랐던 것이다. 오늘은 그동안 바쁘다는 핑계로 연락도 못 드린 부모님께 전화라도 해야겠다.

Chapter 27

믿음의 가정을 세우는 아버지가 되어라

●

●

●

내 아들아 너는 듣고 지혜를 얻어
네 마음을 바른길로 인도할지니라
_ 잠언 23:19

미국의 한 고등학교 여학생이 복음을 접하게 되었는데, 교회에서 하나님을 아버지라고 소개하자 그만 겁에 질려 울어 버렸다고 한다. 그리고는 하나님을 아버지라 부를 수 없다는 것이었다. 그 연유를 알아본즉 이 여학생은 어려서부터 친부에게 성폭행을 당해 온 상태였다. 그러기에 이 여학생에게 있어 아버지는 자신에게 전혀 이롭지 못한, 오히려 자신을 끔찍하게 괴롭히고 짓밟고 고통스럽게 하는 그런 존재였던 것이다. 그런 그녀에게 하나님을 아버지라고 소개했을 때 받았을 충격은 누구나 충분히 이해할 수 있을 것이다.

우리 자녀들이 하나님을 아버지라 부를 때 어떤 이미지를 갖게 될까? 우리 또한 하나님을 아버지라 부를 때 어떤 느낌을 갖는가? 부모는 하나님의 사랑을 보여 주는 자들이어야 한다고 말들 한다. 하나님이 모든 사람을 사랑하심에 있어서 그들에게 하나님의 대리인을 세운 것이 바로 부모라는 뜻이다. 그러므로 부모는 주신 자녀들에게 성실한 모습을 보여 줌으로써 아이들이 하나님을 아버지로 인식할 때 최소한 자기 부모님과 같거나 훨씬 더 좋은 분이라고 인식할 수 있게 해야 한다. 부모가 바르지 못하고 무섭고 차갑고 자신의 삶과는 동떨어진 그런 존재로 인식될 때 아이들은 그 모습 그대로를 하나님 아버지의 모습에 투영하기 때문이다.

나는 아이들에게 어떤 부모인가? 아이들이 과연 아비와 어미 된 내 모습을 보고 하나님을 그 이상으로 그려 보며 생각할 수 있을지 깊이 고민해야 할 것이다. 그리고 내가 아이들에게 부모로서의 모습을 갖출 수 있어야 나 또한 최소한 그 모습 그대로 하나님을 바라볼 수 있으며, 나를 향하신 하나님의 모습을 기억할 수 있을 것이다.

히브리어로 아버지는 '아바'(Abba)다. 아바는 히브리어 알파벳의 첫째와 둘째 글자로 이루어져 있다. 그 의미인즉 가정에서 아버지는 첫째와 둘째가는 중요한 위치에 있다는 뜻이다. 유대인들은 아버지에게 네 가지 사역(使役)이 있다고 가르친다.

1. 공급자 : 자녀에게 일용할 양식을 공급한다.
2. 보호자 : 자녀를 외부의 위협으로부터 보호한다.
3. 인도자 : 자녀를 말씀의 초장으로 인도한다.
4. 교육자 : 하나님의 사람으로 교육한다.

그리고 아버지가 자녀를 직접 교육하면 다섯 가지 유익이 있다고 말한다.

1. 부모가 자녀를 충분히 이해하게 된다.
2. 안식일 저녁에는 반드시 성경 교육을 실천하여 영적인 멘토의 역할을 겸하게 된다.
3. 자녀를 하나님이 원하시는 사람으로, 시대가 원하는 사람으로 성장시킬 수 있다.
4. 자녀가 아버지의 신앙과 삶에서 직접적인 영향을 받으며 자라게 된다.
5. 아버지를 닮아 자신도 아버지가 되었을 때 자녀 교육의 사명을 지니고 대대로 말씀을 전하는 사람이 된다.

유대인 아버지들은 성경을 가르치는 시간을 누구에게도 양보할 수 없는 가장 소중한 시간으로 여긴다. 신명기 6장의 쉐마 본문의 말씀처럼 마음을 다하고 성품을 다하고 힘을 다하여 하나님의 말씀을 자녀들에게 가르친다. 이것이 유대인들이 지닌 탁월성의 한 기초가 된다.

이와 같이 한 집안을 영적인 가정으로 만들 책임은 가정의 지도자인 아버지에게 달려 있다. 따라서 아버지는 먼저 자신의 믿음에 대한 확신을 점검해 볼 필요가 있다. 그래야만 자신이 구원 받게 된 과정을 자녀들에게 소상히 설명해 줄 수 있기 때문이다.

또한 아버지는 규칙적인 기도 생활과 성경을 읽는 모범을 통해 경건 생활이 주는 능력을 체험해야 한다. 아울러 일상의 삶 속에서 자연스럽게 하나님의 말씀을 가르쳐야 한다. 아이들은 공식 예배의 소위 형식화된 분위기보다는 삶 속에서의 말씀 적용에 더 큰 흥미를 가질 수 있기 때문이다.

일곱 살짜리 아들과 아빠가 함께 집 앞의 화단을 가꾸고 있었다. 이때 아빠가 "아들아, 이 꽃 좀 보렴. 얼마나 아름답니? 화단에 심었던 작은 씨앗 하나가 이렇게 예쁜 꽃으로 피어나다니, 하나님의 솜씨가 정말 놀랍지 않니?"라고 말하자 아들이 다음과 같이 재치 있게 받아치는 것이었다.

"아빠, 저도 엄마 배 속에 있을 때 이렇게 작은 씨였나요? 엄마 배 속에 다시 들어갔다 나오면 이 꽃처럼 더 예뻐지나요?"

아들의 이 같은 엉뚱한 질문에 아버지는 순간적으로 니고데모를 떠올렸다. 그래서 "아들아, 한번은 예수님이 니고데모라는 사람에게 인간은 누구나 다시 태어나야 한다고 말씀하셨단다. 그래서 니고데모가 자기는 어른인데 어떻게 엄마 배 속에 다시 들어갈 수 있느냐고 질문하자 예수님은 그것이 영적으로 다시 태어나는 것이라고 가르쳐 주셨단다."라고 설명했다. 이렇게 대화가 진전되더니 아들이 또 한 번 놀라운 말을 던졌다.

"아빠, 저는 아직 다시 태어나지 못한 것 같아요."

"그래. 그렇다면 다시 태어나고 싶니?"

"네, 아빠."

그날 이 아이는 아버지의 인도에 따라 예수 그리스도를 자신의 구주로 영접하는 결단을 내렸다. 이처럼 아버지를 통해 태어나는 영적 가정은 하나님의 축복을 가져다주는 거룩한 통로로 쓰임 받게 된다.

Chapter 28

이해를 통해
부부간의 사랑을 완성하라

고운 것도 거짓되고 아름다운 것도 헛되나
오직 여호와를 경외하는 여자는 칭찬을 받을 것이라
_ 잠언 31:30

독일 속담에 "부부의 인연은 하늘이 정한 바다." "부부란 닮는 법이다."라는 말이 있으며, 고대 문헌에는 "남자는 자기의 옆구리에서 없어진 갈빗대를 찾기 전까지는 계속 몸부림친다. 그리고 여자 또한 남자의 품 안에 들어가기 전까지는 몸부림을 치게 된다. 왜냐하면 여자는 그곳에서 나왔기 때문이다."라는 말이 있다. 종교 개혁가 마틴 루터는 자기의 아내를 "나의 갈빗대, 키티."라고 불렀다고 한다.

부부가 서로의 부족함을 절실히 깨닫고 서로 아끼며 상대방의 필요를 충족시켜 주고자 최선의 노력을 기울일 때 비로소 그들은 하나님의 축복을 받는 행복한 한 쌍이 될 수 있다. 결혼한 이상 부부는 둘이 아니라 한 몸인 것이다. 부부는 어떠한 문제가 생겨도 진지하게 상의할 수 있다. 부부는 지상의 그 누구보다도 서로에게 가까운 존재다. 부부는 실패할 때나 행운을 누릴 때나 함께 그것을 나눌 수 있다. 부부가 평소에 늘 대화하고 원활한 의사소통을 한다면 어떤 문제도 무난히 해결할 수 있다. 부부는 몸과 마음을 모두 배필에게 보여 줄 수 있다. 만일 그렇지 않다면 결혼의 진정한 의미를 모르는 것이다. 부부는 서로의 것이다. 비밀과 위선이 있을 수 없다. 부부는 반려자를 포용하면서 '당신은 내 것이다. 그리고 난 당신의 것이다.'라고 말해도 결코 수치가 아닌 존재다.

하나님은 남자와 여자를 창조하셨다. 우리가 말하는 가정생활이란 남자와 여자가 결혼으로 결합하여 가정을 이루어 사는 것을 말한다. 그러므로 가정의 기초는 부부다. 성경을 보면 "사람이 그 부모를 떠나서 아내에게 합하여 그 둘이 한 몸이 될지니라 하신 것을 읽지 못하였느냐 그런즉 이제 둘이 아니요 한 몸이니(마태복음 19:5, 6)"라고 했다. 배우자와 연합한다는 것은 남편과 아내의 관계에서 모든 것을 받아들인다는 뜻이다.

성경에서 행복한 부부를 고르라면 누구를 꼽겠는가? 아마 아브라함과 사라일 것이다. 그들이 행복한 커플이라고 생각하는 첫 번째 이유는, 아브라함이 아내에게 이렇게 말하는 장면 때문이다.

"내가 알기에 그대는 아리따운 여인이라."

이는 그저 기분 좋으라고 한 말이 아니라 그는 정말로 그렇게 생각하면서 산 것 같다. 그 당시 아내가 60~70세 정도 되었는데 그래도 남편의 눈에는 여전히 아름다운 여인으로 보였다니 얼마나 흐뭇한 일인가.

두 번째 이유는 "아브라함이 사라의 말을 들으니라."라는 성경 구절 때문이다. 남편이 아내의 말을 듣지 않고 어찌 무사하겠냐마는, 이미 3천 년 전에 아브라함이 아내의 말을 존중하고 그 의견에 귀를 기울였다는 것은 뭔가 남다른 그들 결혼생활의 수준을 보여 주는 듯하다.

세 번째 이유는 사라가 세상을 떠나자 아브라함이 너무도 슬퍼하며 비통에 잠겼기 때문이다. 닉슨 대통령의 영부인 베티 여사가 서거했을 때 장례식 장면을 텔레비전으로 잠깐 본 적이 있는데, 닉슨 대통령이 얼마나 슬프게 울던지 나까지 가슴이 찡했다. 아내의 장례식에서 그렇게 슬퍼하는 것은 그들이 서로 진정한 인생의 반려자였기 때문이 아닐까 싶다. 아브라함도 물론 재혼을 하기는 했지만 사라의 장례식에서 그토록 슬퍼하지 않았는가. 그 장례식 장면이 창세기에서 한 장을 차지한다. 무려 한 장을 말이다. 그만큼 비중이 크다는 뜻이다.

네 번째 이유는 아브라함과 사라가 25년을 기다려 아들 이삭을 얻었기 때문이다. 이는 하나님이 그들에게 믿음과 인내를 가르치시고 여러 가지 영적 교훈을 주기 위한 것이기도 했지만, 아들을 주겠다고 약속하시고는 25년이나 기다리게 하셨다는 것은 그것이 아브라함과 사라가 서로 열심히 사랑하지 않으면 이루어질 수 없는 약속이었음을 의미한다. 그러므로 그 약속이 이루어졌다는 것은 그만큼 그들이 하나님의 약속을 믿는 과정에서 서로 사랑할 수밖에 없었음을 증명하는 것이다. 참으로 아름다운 이야기다. 그렇다고 해서 그들의 삶에 갈등이 없었겠는가? 천만의 말씀. 많은 문제가 있었다. 그러나 그들은 그 모든 것을 극복할 수 있었고 결국 해피 엔드를 맞았다.

반대로 성경에서 행복하지 못했던 부부로는 누가 있을까? 다윗과 미갈을 꼽을 수 있겠다. 사무엘하 6장을 보면 그들의 부부 싸움을 담고 있다. 아마 그것이 처음이 아니었을 것이다. 어느 부부도 부부 싸움 한 번에 갈라서지는 않는다. 이는 권투 시합과 같다. 권투 선수가 KO를 당하는 것은 강펀치 한 방에 쓰러지는 것이 아니라 시합 도중에 맞은 모든 충격이 누적되어 넘어지는 것이다.

마찬가지로 다윗과 미갈도 그 이전에 수없이 다투었을 것이다. 그것이 계속 마음에 쌓인 상태에서 그날의 갈등이 결정적인 계기가 되어 파경을 맞은 것 같다. 이들이 파경을 맞았는지를 어떻게 아는지 묻고 싶은가? 23절을 보면 "그러므로 사울의 딸 미갈이 죽는 날까지 그에게 자식이 없으니라."라고 말씀하고 있다. 왜 자식이 없을까? 서로 가까이하지 않았다는 뜻이다. 즉, 이혼은 하지 않았지만 실질적으로는 부부의 관계가 더 이상 성립되지 않았다는 말이다. 부부가 꼭 이혼을 해야만 파경을 맞는 것은 아니다. 회사도 장부상으로는 문제가 없는데 실제로는 파산 상태에 있을 수 있는 것처럼 서류상으로 이혼을 안 했을 뿐이지 사실상 남남이나 마찬가지인 부부들이 얼마든지 있을 수 있다.

다윗이 누구인가? 다윗은 다재다능한 위대한 인물이요, 요즘 말로 하면 잘난 사람이다. 그에게는 용맹이 있고 예술적 감각이 있고 사람들을 휘어잡는 카리스마가 있다. 그러나 그런 다윗에게도 집안일만큼은 뜻대로 되지 않았다. 그런 집안일들로 다윗은 많은 아픔을 겪었다. 자식들끼리 서로 죽이지를 않나, 또 이복 누이를 범하지를 않나, 압살롬이 반란을 일으키지를 않나, 하여간 집안에 풍파가 가시지를 않았다. 다윗은 이스라엘 최고의 임금이었다. 그럼에도 불구하고 시편을 보면 그의 아픔이 드러나 있다. 다윗이 그렇게 하나님께 하소연을 한 이유는 그만큼 기도하지 않으면 안 될 사연들이 있었기 때문이다.

그런데 성경을 보면 미갈이 한때 다윗을 사랑한 적이 있었음을 알 수 있다. 사무엘상을 보면 그녀가 다윗을 사랑했다는 구절이 두 번이나 나온다. 그렇다면 이 결혼도 처음에는 사랑으로 시작한 것이다. 적어도 미갈에게는 그랬다. 사랑하는 남자와 결혼했으니 말이다. 그런데 어쩌다 그런 지경이 되었을까? 참으로 이해하기 힘든 일이다. 다윗과 미갈은 그야말로 선남선녀다. 다윗은 이스라엘 최고의 신랑감, 미갈은 공주, 엘리트 중의 엘리트끼리 만나서 사랑으로 결혼을 했으니 영원히 잘 살 것이라 생각했다. 그런데 그것이 행복한 결혼 생활을 보장해 주지는 못했다.

상류층으로 올라갈수록 배경, 학벌, 가문 등을 중요하게 여긴다. 그러나 우리가 유념해야 할 것은 그러한 것들이 결혼의 성공을 보장해 주지는 못한다는 사실이다. 우리가 살고 있는 지금 이 시대는 결혼이라는 제도가 중대한 도전을 맞고 있다.

이혼율이 높아지고 결혼을 기피하는 사람들이 많아졌다. 결혼을 기피하는 여러 이유 중 하나는 부모의 결혼 생활을 보며 좋은 점을 느끼지 못했기 때문이다.

그러므로 배우자를 선택할 때는 가문이나 배경보다, 다른 그 어떤 것보다 행복하게 성공적으로 살 수 있을지를 가장 중요하게 고려해야 한다. 결혼 생활이 성공할 것인지를 말이다. 그렇기 때문에 부모도 양보하고 자식도 양보해야 한다. 부모는 자기의 요구 사항만을 주장해서는 안 된다. 자식도 자기 고집만 부려서는 안 되며 부모님의 말씀을 수용해야 한다. 부모님의 지혜와 경험을 통해 배워야 한다. 이렇게 서로 양보해야 한다. 부모는 자식의 애정과 판단을 좀 더 신뢰해야 한다. 그리고 결혼을 앞둔 당사자는 일생일대의 중요한 결정이라는 것을 깨닫고 겸손하게 정직하게 하나님께 기도해야 한다. 만일 남의 이목을 의식해서 혹은 다른 사람들에게 잘 보이기 위해서 결정을 내린다면 반드시 후회하는 날이 올 것이다.

아브라함 부부와 다윗 부부의 결정적인 차이점은 무엇일까? 아브라함과 사라는 갈등을 극복할 수 있는 능력이 있었고 다윗과 미갈은 그렇지 못했다. 그렇기 때문에 아브라함과 사라는 평생을 해로했고 다윗과 미갈은 불행한 결말을 맞았다.

고난이 없는 인생은 없다. 갈등이 없는 부부도 없다. 그러나 그럴 때마다 파경을 맞는다면 세상에 남아나는 부부가 없을 것이다. 그러므로 갈등을 풀어 나가기 위해 노력하는 것이 중요하다. 상대방의 도움이 필요할 때는 함께, 혼자만의 문제일 때는 각자 스스로 노력하면 된다. 어떤 상황이든 그것이 애정을 침범하지 않으면 되는 것이다. 부부에게 있어 애정은 그 무엇보다 소중하기 때문이다.

군위에서 목회를 할 때 있었던 일이다. 월요일부터 다른 지방으로 집회를 갔다가 목요일에 일정을 마치고 돌아오는데 온몸에 피곤이 몰려왔다. 집회가 끝나면 긴장이 풀려서 평상시보다 몇 갑절 힘이 들곤 했다. 나는 그렇게 피곤해도 집에 가면 반갑게 맞아 줄 아내가 있다는 생각에 졸음과 싸우면서 갈 길을 재촉했다. 워낙 먼 곳이라 자정이 훨씬 넘어서 집에 도착해 현관문을 두드렸다. 잠시 후 문이 열렸다. 반가운 환대를 기대했는데 집사람은 나를 멀뚱멀뚱 쳐다보는 것이었다. 나도 같이 얼굴만 쳐다보고 있었다. 그랬더니 그냥 말없이 방으로 들어가 버리는 것이었다. 예상과 다른 반응에 기분이 상할 대로 상한 나는 씩씩거리면서 방에 따라 들어갔다. 집사람은 한쪽 구석에 앉아 있었다.

화가 나서 웃옷을 벗어 침대에 던지고 싸울 자세를 취했다. 그런데 내가 먼저 말을 꺼내기가 싫었다. 거실로 나간 나는 여전히 끓어오르는 분을 삼키지 못하고 있었다. 한참 동안 집 안에 적막이 흘렀다. 잠도 싹 달아나고 가슴에 울화가 치밀었다. 분을 참지 못해 다시 방으로 들어갔고 드디어 싸움이 시작되었다.

"여보! 대체 왜 이러는 거요? 내가 어디 놀러 갔다 온 사람인가! 집회 끝나고 힘들어도 집 생각하며 쉬지 않고 한걸음에 달려왔건만 이게 어디 집이야? 싫으면 목회도 때려치우고 각자 자기 갈 길 가자고!"

다툼의 발단은 이랬다. 현관문을 여는 순간 삶에 지친 내게 먼저 위로의 말 한마디 해줬으면 하고 기다린 것이다. 내 입장에서는 집사람이 '여보, 집회하느라 고생 많았죠? 이 밤에 뭐하러 와요. 피곤한데 자고 아침에 오지.' 하는 말을 기대했던 것이고, 아내는 남편 없는 동안 네 아이들을 데리고 고생했으니 '여보! 혼자 집안일에 애들 보느라 힘들었지?' 하는 한마디는 들을 것이라 기대했다는 것이다. 그런데 서로가 말이 없자 화가 난 것이었다.

인간관계에서는 한마디 말로 사랑이 싹틀 수도 있고 싸움이 시작될 수도 있다. 그중에 부부 사이를 보면 굳이 말하지 않아도 저절로 통할 것이라는 생각에 오히려 다른 사람을 대할 때보다 칭찬이나 위로의 말을 생략하는 경우가 많다. 그러나 표현하지 않으면 상대방은 알 길이 없다. 설사 그 마음을 안다 해도 직접 듣는 것과는 큰 차이가 있다. 서로의 입장을 이해하며 따뜻한 말로 마음을 전한다면 부부간의 신뢰와 사랑은 더욱 깊어질 것이다.

Chapter 29

남자의 자존심을 위해
아내를 사랑하라

-
-
-

네 샘으로 복되게 하라
네가 젊어서 취한 아내를 즐거워하라
_ 잠언 5:18

      부농의 아들인 이덕봉은 열다섯 살에 결혼을 했으며, 매큐첸 선교사의 도움으로 전주 신흥학교를 다녔다. 어느 해 여름 방학이 되어 집으로 돌아온 이덕봉은 무식한 부인이 눈에 거슬렸다. 이를 눈치챈 부인은 남편이 전주에서 공부하는 동안 밤낮을 가리지 않고 일하는 틈에도 한글을 공부하여 글을 깨쳤고, 찬송과 성경도 혼자서 터득하여 진리를 깨달았다. 부인은 남편이 돌아오기를 기다리며 그동안의 일을 자랑하려고 벼르고 있었다.

어느 날 남편이 돌아왔다는 전갈을 받고 집으로 달려갔더니 이덕봉은 이미 교회에 가고 없었다. 무식한 부인을 대하기가 싫어서 교회로 간 것이었다. 이덕봉은 교회 마룻바닥에 앉아 있다가 기도나 하자는 생각에 무릎을 꿇었다. 그때 하나님의 음성이 들려왔다.

"보이는 아내도 사랑하지 못하면서 보이지 않는 나를 사랑하느냐?"

이 말에 이덕봉은 눈물을 흘리며 회개했다.

남편이 아내를 사랑하기 위해서는 주님이 십자가 위에서 아내를 위해 희생하신 것처럼 그렇게 희생해야 한다. 남편이야말로 가정에 부름 받은 그리스도의 대리자이기 때문이다. 그러나 이것은 쉽지 않은 일이다. 사단이 남편의 마음속에서 그렇게 하지 못하도록 끊임없이 유혹하기 때문이다. 그래도 끝까지 이 말씀이 진리임을 믿고 그대로 순종하면 성령님이 그 순종을 기뻐하시면서 진정으로 아내를 사랑할 수 있는 마음을 선물로 주신다. 이것이 바로 성령의 열매인 사랑하는 마음이다.

이 사랑의 마음을 지니면 아내를 위한 희생을 오히려 기쁨으로 감당할 수 있다. 그래서 남편은 먼저 육체적으로 아내를 위해 희생하게 된다. 아내의 기쁨을 위해 최선을 다하면서 가족의 경제적 필요를 위해 땀 흘려 일한다. 정서적인 면에서도 약한 아내를 항상 위로하고 격려하면서 돕는다.

그리고 가장 중요한 아내의 영적인 충만을 위해 남편은 전심으로 기도한다. 가끔 과거처럼 부부 싸움이 생겨도, 또 그것이 아내의 잘못 때문이라 하더라도 남편이 자신의 잘못으로 떠안으면서 아내에게 먼저 사과한다. 이것이 바로 주님이 맡기신 십자가를 지는 방법이며, 이 땅에서 천국을 이룬 가정의 모습이다.

남편은 아내를 사랑하고 아내를 위해 희생할 책임이 있다. 성경은 "남편들아 아내 사랑하기를 그리스도께서 교회를 사랑하시고 그 교회를 위하여 자신을 주심같이 하라."라고 명령하고 있다. 이 말씀은 사실 초대 교회 사람들에게는 엄청난 도전이 되었다. 그 당시 이 명령은 이방인들의 결혼에는 아무런 구속력을 갖지 못했다.

디모스데네스는 "우리는 성적인 쾌락을 위해 매춘부들을 두고, 일상생활을 함께 할 동거자를 위해 첩들을 두며, 법적인 자녀들을 갖기 위해 아내들을 두고, 가정의 모든 문제를 위해 좋은 보호자들을 둔다."라고 말했다. 그리고 케노폰은 "남편이 아내에게 바라는 것은 가능한 한 그 모습을 적게 보는 것이고, 가능한 한 말을 적게 하고, 질문을 적게 하는 것이다."라고 말했다.

고대 이방인들은 간음을 보통으로 생각했다. 유대인들조차도 도덕적인 어떠한 이유를 들어 아내들과 이혼할 수 있었다. 그러므로 바울이 말한 아내 사랑은 그 당시 사람들에게는 엄청난 윤리적 도전일 수밖에 없었다. "아내 사랑하기를 그리스도께서 교회를 사랑하시고 그 교회를 위하여 자신을 주심같이 하라."라는 이 말씀은 그 당시 그리스도인들은 물론 오늘날의 그리스도인들에게도 커다란 도전이 아닐 수 없다.

남편은 아내를 위해 어떤 사랑을 보여 주여야 할까? 그리스도와 같이 남편은 아내를 위해 자신을 버려야 한다. 그리스도가 그의 신부인 교회를 위해 기도한 것처럼 아내를 위해 기도해야 한다. 만일 남편이 아내를 위해 기도하지 않는다면 이는 아내를 사랑하지 않는 것이다.

남편은 아내의 영적인 건강을 위해 기도할 뿐 아니라 그들이 갖는 책임들, 우정, 꿈, 열정을 위해 기도해야 한다. 이것이 바로 주님이 우리를 위해 기도하시는 모습이다. 그리스도가 교회에 늘 관심을 갖고 계신 것과 같이 남편도 아내에게 늘 관심을 가져야 한다.

경건한 남편은 교회를 사랑하신 그리스도의 모습을 닮아 가야 한다. 예수님과 같이 아내를 사랑하는 남편은 끝까지 신실할 것이다. 그래서 주님은 "남편들아 아내 사랑하기를 그리스도께서 교회를 사랑하시고 그 교회를 위하여 자신을 주심같이 하라."라고 말씀하시는 것이다.

남자의 진정한 자존심은 나를 인정하고 사랑해서 나와 결혼한 아내를 끝까지 지켜 주고 사랑하는 것이라는 글을 읽으면서 무척 공감했다. 요즘 많은 부부들이 이혼을 심각하게 고려한다고 한다. 그러나 이혼은 남자로서 무책임하고 비겁한 행동이라는 생각과 나 자신 또한 많은 약점을 지닌 인간이라는 생각을 할 수 있어야 한다.

예수를 믿는다고 하면서 자신의 아내를 사랑하지 않는다면 그것은 하나님의 뜻을 거스르는 일이다. 결혼을 할 정도면 이미 그 상대방에 대해서 긍정적인 평가를 내린 것이다. 하나님이 아내에 대해 우리에게 주신 말씀을 따라 살 것을 결심하고 실천하면 하나님이 약속하신 기쁨과 평화를 누릴 수 있다.

Chapter 30

투박한 아버지의 사랑법을 이해하라

•

•

•

네 부모를 즐겁게 하며 너를 낳은 어미를 기쁘게 하라
_ 잠언 23:25

크리스천 시인이었던 남풍 김현승
의 '아버지의 마음'이라는 시를 보면 아버지의 존재, 희생, 사
랑, 자식의 미래를 걱정하는 모습, 그리고 고독 등의 내용이
담겨 있다. 이 시의 해설을 보면서 참으로 많은 생각을 하게
되었다. 비바람 속에서 우리를 보호하는 집과 같이 말없이 사
랑과 정성으로 자식을 돌보고 미래를 걱정하는 아버지. 가족
을 위한 수고와 무거운 삶의 무게로 '보이지 않는 눈물'을 흘
리면서도 오직 '어린것들이 간직한 그 깨끗한 피', 곧 자식들
의 올곧은 성장과 순수를 통해 외로움을 치유하는 아버지, 우

리의 아버지…….

우리가 잘 아는 다윗에게는 여러 명의 아들이 있었다. 그중에서도 다윗의 사랑을 가장 많이 받았던 아들이 바로 압살롬이다. 압살롬은 온 이스라엘에서도 그만큼 잘생긴 청년이 없었고, 머리끝에서 발끝까지 어디 하나 흠잡을 데가 없는 인물이었다. 그러니 아버지가 얼마나 사랑해 마지않았겠는가. '평화의 아버지가 되어라.'라는 의미로 지어 준 압살롬이라는 이름답게 그는 용기도 뛰어났고 지략도 타의 추종을 불허했다. 그런 압살롬이 평화를 지키지 않고 아버지의 왕좌를 빼앗기 위해 반란을 일으켜 다윗을 예루살렘에서 쫓아내고 스스로 왕이 된다.

엄청난 충격을 받은 다윗은 너무도 창피해서 머리를 가리고 맨발로 울면서 도망을 가는데, 압살롬은 아버지가 살아 있는 한 자신의 자리가 위태로울 것이라는 생각에 아예 다윗을 죽이려 한다. 결국 아버지 다윗도 군대를 정비하여 아들 압살롬의 군대와 싸우게 된다. 하나님의 도우심으로 다윗의 군대가 승리하게 되고, 노새를 타고 도망가던 압살롬은 상수리나무 아래를 지나다가 머리털이 그 나무에 걸려 공중에 매달리게 된다. 이 틈을 타 요압 장군이 그를 찔러 죽인다. 그리고 그 소식을 다윗에게 전하는 것이 바로 사무엘하 본문의 상황이다.

"내 주 왕께 아뢸 소식이 있나이다. 여호와께서 오늘 왕께 의로운 판결을 내리시고, 왕을 대적하던 모든 원수를 갚으셨나이다. 이제는 왕을 해칠 원수가 모조리 사라졌나이다."

그때 다윗은 여전히 아들 걱정을 하면서 이렇게 묻는다.

"나의 어린 자식 압살롬은 어떻게 되었느냐? 상처라도 입지는 않았느냐?"

이에 전황을 보고하던 구스 사람이 사실 그대로 대답한다.

"왕의 원수와 일어나서 왕을 대적하는 자들은 다 그 압살롬과 같이 되기를 원하나이다."

아들이 죽었다는 소식을 들은 아버지 다윗은 비통에 잠긴다. 아무리 자신을 죽이려 했다지만 그래도 아들은 아들이었다. 다윗은 마음이 심히 아파 문 위층으로 올라가 통곡한다.

"내 아들 압살롬아 내 아들 내 아들 압살롬아 차라리 내가 너를 대신하여 죽었더면, 압살롬 내 아들아 내 아들아."

자신을 죽이려 했던 아들 압살롬, 비록 용서하기 힘든 배신을 했지만 그 아들의 죽음을 슬퍼하고 괴로워하는 다윗을 통해 진정한 아버지의 사랑이 무엇인지를 생각하게 된다. 어찌 생각하면 압살롬의 죽음을 전해 들었을 때 잘됐다며 다행으로 여겼을 수도 있지 않나 싶지만 아버지의 마음은 그렇지 않았다. 아비를 배신하고 목숨까지 앗아가려 했던 아들이지만 그럼에도 불구하고 아들이기에 목 놓아 우는 것이다.

이 세상의 죄 때문에 하나님은 독생자 예수 그리스도를 이 땅에 보내셨는데, 죽기까지 희생하셨을 때는 하나님의 그 마음이 어떠하셨을까? 자식을 키워 보는 지금에야 이해할 수 있는 마음, 곧 한없는 긍휼과 애정으로 무장된 사랑, 그것이 바로 아버지의 사랑이다. 아버지 다윗이 아들 압살롬의 죽음을 생각하면서 흘렸던 눈물의 또 다른 의미는 결국 그 자식을 죽게 만든 것은 자신이었다는 자책감이었을 것이다. 아마 그는 '차라리 내가 왕이 아니었다면 자식이 죽지 않았을 텐데, 차라리 왕의 자리를 압살롬에게 물려주었더라면……' 하고 후회했을지도 모른다. 자식이 무슨 죄를 지어도 아버지들은 자기 가슴을 친다. 잘된 것은 자식이 잘나서이고, 잘못된 것은 당신이 잘못 기른 탓이라고 생각하는 아버지. 이것이 또한 아버지의 마음이다.

우리나라의 초여름쯤이면 남극은 해가 뜨지 않는 암흑의 대빙원(大氷原)이 된다. 펭귄의 암놈은 바로 이때를 기다렸다가 내륙 깊숙이 들어가 단 하나의 알을 낳는다. 온통 얼음 바닥이라 알이 얼어 버릴 수도 있기 때문에 이때부터 수놈은 알이 부화할 때까지 아무것도 하지 않고 오직 알만 품고 있다. 그동안 암놈은 바다에 나가 새우 같은 먹이를 배 속에 잔뜩 저장한 다음 다시 빙원을 가로질러 되돌아온다. 그때쯤 되면 새끼가 부화하는데, 어미는 남편은 아랑곳하지 않고 오직 새끼에게만 배 속에 저장해 온 먹이를 소처럼 되새김질해서 조금씩 먹인다. 한 달 반 가까이 굶었던 수놈 펭귄은 아내가 구해 온 음식은 먹어 볼 생각도 못하고 이제 스스로 먹잇감을 구하기 위해 바다로 나간다.

그렇게 굶었으니 무슨 힘이 있겠는가. 굶주림에 비틀대며 바다를 향해 가는 불쌍한 수놈은 결국 힘이 빠져 미끄러지고 나뒹굴다가 끝내 일어나지 못하고 만다. 새끼를 향한 처절하면서도 아름다운 본능, 이 역시 아버지였기에 가능한 것이 아닐까?

『가시고기』라는 소설도 바로 그러한 부성애가 무엇인지를 가르쳐 준다. 아내에게 버림받고 백혈병에 걸린 아이의 수술비를 마련하기 위해 갖은 노력을 다하지만 결국 자신의 망막까지 팔고 간암으로 죽어 가는 아버지. 소설의 절정부에서 엄마와 함께 프랑스로 가게 된 아들 다움이는 병원으로 돌아오는 길에 벤치에 앉아 있는 아빠를 보게 된다. 반가움에 달려가는 아들 다움이. 그러나 아빠는 자신에게 다가오지 못하게 한다. 아빠 얼굴이 안 보여서 좀 더 가까이 가겠다는 아들을 외면하는 아빠. 그 아빠의 마음을 읽은 다움이는 이런 말을 한다.

"슬퍼도 울지 않을게요. 그리고 슬플 때는 노래를 부를게요. 남자는 아무 때나 우는 게 아니잖아요."

눈물로 범벅이 된 자신의 모습을 아들에게 보이지 않으려는 아버지의 마음. 그 모진 정을 떼야 아들이 편하게 살 것 같아서, 그래야 엄마와 잘 살 수 있을 것 같아서 자신의 마음을 숨기고 엄마한테 가라고 소리치는 아버지. 그 모습에서 자신을 희생하고 오직 자식만을 위하는 아버지의 고귀한 희생을 보게 된다.

우리의 아버지에 대한 이미지는 어떠한가? 만일 좋지 않은 기억으로 남아 있다면 내 아버지가 사랑을 표현할 줄 모르고 그 방법이 서툴렀기 때문이지 나를 미워하거나 내게 상처를 주기 위해 그런 것이 아니었음을 알기 바란다. 아버지는 원래 그런 분이기에, 그저 묵묵하고 담담하지만 그 마음 가운데는 뜨거운 불이 담겨 있던 분이기에 말이다.

모든 것이 중요하지만 그중에서도 가장 중요한 것은

믿음의 가정을 이루는 일이라고 생각한다.

가족은 힘겨운 세상 가운데 지친 삶을 함께할 동반자며,

삶의 시작과 끝을 함께하는 것 또한 가족이기 때문이다.

Power of Wisdom

우리는 살면서 다양한 형태의 신앙인을 만난다. 어떤 크리스천은 항상 문제를 일으키는 트러블 메이커이고, 어떤 사람은 자신이 이기적일 수밖에 없는 이유에 대해 합리화하며, 또 어떤 이는 교회 밖의 삶에서 크리스천으로서 지켜야 할 것들 때문에 날마다 갈등하고 고민하기도 한다. 그런데 예수님을 믿는다는 우리가 이렇게 늘 고민과 염려로 인상 쓰며 인생을 살아가야 하는가? 항상 즐겁고 환한 미소를 띤 얼굴로 살아야 하지 않을까?

걱정하고 염려한다고 해서 우리의 상황이나 환경이 바뀌는 것은 아니라는 사실을 명심해야 한다. 매일의 삶 가운데 매 순간 감사하고 즐거운 크리스천으로 살아가기 위해 당신이 알아야 할 것들이 여기에 있다.

Part 4
두 배로 즐거운
신앙생활을 위한 지혜

Chapter 31

주어가 하나님인 인생을 살라

스스로 지혜롭게 여기지 말지어다
여호와를 경외하며 악을 떠날지어다
_ 잠언 3:7

　　　의학에 있어 최우선으로 중요한 것은 정확한 진단이다. 그 무서운 암도 조기에 정확히 진단할 수 있다면 치료가 가능하다. 우리 마음의 세계에서도 마찬가지다. 가장 중요한 것은 자신을 정확히 진단하는 것이다. 그래서 소크라테스도 '너 자신을 알라.' 라는 주제를 철학의 최고 논점으로 삼은 것이다. 마음의 세계에서 암에 해당하는 것은 교만이다. 이 교만 증후군을 스스로 파악해야 한다. 왜냐하면 겸손에 이르기 전까지는 그 어떤 성공과 성품도 불완전한 것이며 임시적인 것에 지나지 않기 때문이다.

교만한 사람의 명성은 머지않아 날아가 버린다. 성공도 은혜도 그렇게 날아가게 된다. 세상에서 그렇게 된다면 최후에 하나님 앞에서도 그렇게 되어 버린다. 그래서 "복 있는 사람은 오만한 자들의 자리에 앉지 아니"한다. 이것이 시편의 첫 번째 말씀이다.

그렇다면 교만 증후군은 어떤 것인가? 바로 다음과 같은 증상들이 교만 증후군이다. 이러한 성향이 농후하다면 오늘 누리는 성공과 영화로운 삶, 존경과 갈채는 영원히 내 것이 아니라 찰나적인 안개에 지나지 않는다.

❖ 세상은 악하고 자기는 공의롭다고 생각하는 습성

❖ 자기는 절대 정직하다고 믿는 습성

❖ 자기는 선하다고 믿는 습성

❖ 실수를 인정하지 않는 습성

❖ 남의 말을 귀담아 듣지 않는 습성

❖ 항상 자기가 결론을 내리려는 습성

❖ 자기는 늘 인정받아야 한다고 생각하는 습성

❖ 자기는 늘 대접 받아야 한다고 생각하는 습성

❖ 화해하거나 용서하지 않는 습성

❖ 사과를 하지 않는 습성

- ❖ 자기의 선행을 드러내는 습성
- ❖ 감사할 줄 모르는 습성
- ❖ 자기가 혼자 다 했다고 생각하는 습성
- ❖ 자기가 없으면 안 된다고 생각하는 습성

다음은 이솝 우화에 나오는 이야기다. 해질 무렵 길을 거닐던 이리가 자기의 긴 그림자를 보고 탄복하면서 "아니, 내가 이처럼 덩치가 크다니! 괜히 사자를 두려워했잖아. 이것 보라고. 내 몸의 길이가 3미터도 넘겠어."라고 말했다. 그러면서 "내가 왕이 되어 모든 동물을 다스릴 테야. 물론 사자도 내 부하로 삼아야지."라고 으스대며 만나는 동물들마다 횡포를 부렸다. 얼마 후 사자를 만난 이리는 거만하게 굴다 단번에 물려 죽고 말았다.

교만이라는 동전을 뒤집으면 거기에는 열등감이 있다. 내가 남보다 잘났으면 좋겠다는 생각은 내가 남보다 부족하지 않나 하는 두려움에서 출발하기 때문이다. 누구나 강자 앞에서 고개 숙이기를 원치 않는다. 그래서 인간은 하나님을 인정하길 꺼리는지도 모른다. C. S. 루이스는 "교만한 자는 자기 밑을 보기에만 급급해서 자기 위에 계신 분을 보지 못하는 사람"이라고 말했다. 어쩌면 못 보는 것이 아니라 보기가 두려워 피하는 것일지도 모른다. 그러나 자신이 가장 자랑하는 그것이 바로 가장 치명적인 아킬레스건이 될 수 있음을 왜 모른단 말인가? 아테네는 무적이라고 자부했던 해전에서 패했고, 프랑스는 제1차 세계 대전 때 마지노선을 믿다가 무너졌으며, 자동차 왕 헨리 포드는 모델 T만을 고집하다가 GM에게 자동차 업계의 패권을 뺏겼다.

마하트마 간디는 우리를 파괴할 수 있는 일곱 가지 요소로 '노동 없는 부(富), 양심 없는 쾌락, 인격 없는 지식, 윤리 없는 비즈니스, 인성 없는 과학, 희생 없는 종교, 신념 없는 정치'를 지적했다. 풀러 신학 대학원의 짐 브래들리 교수는 "학자는 자기가 확실히 알고 있는 것 이상을 말하지 말아야 한다."라고 늘 입버릇처럼 강조했다. 알찬 내용이 없이 포장만 그럴듯하게 과시하지 말라는 따끔한 일침이었다. 사랑하는 이 땅의 리더들이여! 진정 대권(大權)을 추구하기 전에 대능(大能)을 구할지어다.

누군가 사람들에게 성공과 실패의 기준과 이유를 물었다. 그러자 자기의 계획이 이루어지면 성공, 그렇지 않으면 실패라고 대답한다. 성공에 가장 큰 도움을 준 사람이 누구인지 물으면 놀랍게도 자기 자신이라고 답하는 사람이 가장 많다. 반대로 뜻을 이루지 못한 이유가 무엇이냐고 물으면 다른 사람이 도와주지 않거나 방해했기 때문이라고 말한다. 요약하면 인생의 목표는 자기의 뜻과 계획이다. 성공은 잘난 자기 때문이다. 이러한 생각의 구도를 가지고 있기에 욕심, 탐욕, 교만, 분노, 원망, 절망을 벗어날 수 없다. 자기의 뜻과 계획이 욕심과 탐욕으로 이끈다. 일을 이루면 교만해진다. 일을 이루지 못하면 다른 사람에 대한 분노와 원망이 생긴다. 결과적으로 좌절감에 빠진다. 생각의 구도가 잘못되었기 때문이다. 믿음이란 이 구도를 바꾸는 것이다.

지금에 와서 돌아보면 내 인생도 참 제멋대로였다. 어려서 하나님의 종이 되겠다고 서원했던 일을 잊고, 내 인생 내 마음대로 살아보려 했던 것이다. 그러나 하나님은 그런 내 길을 허락하지 않으셨다. 그런 나 때문에 어린 나이에 시집이 무엇인지도 모르고 결혼해서 사모의 길을 살았던 아내가 마음고생이 심했을 것이다. 남편이야 자기 좋을 대로 하나님의 부름이 있다지만 자기는 갑자기 마른하늘에 날벼락이라고 남편 따라 고생문으로 들어가게 되었으니 말이다. 아내의 입장도 이해가 가긴 하지만 가만 보면 내 인생도 아직까지 무엇 하나 내가 결정해서 된 일이 없고 나의 계획대로 된 것도 없다.

믿음을 갖고 산다고 하면서도 '하나님이 내게 왜 이런 고난을 주시는 것일까?'라고 생각할 때도 있었다. 그러나 나중에 돌아보면 그것이 하나님의 거룩한 뜻을 이루어 가는 과정이었음을 알고 잠시 원망했던 내가 한심스럽기도 했다.

우리가 주님을 모르고 살 때는 내 계획이 가장 선하고 성공할 것처럼 생각된다. 반대로 믿음대로 살려고 하면 뭔가 불안하고 이상하다는 느낌이 든다. 시련과 고난도 더 많이 감당해야 한다. 그러나 믿음은 그런 상황에서도 하나님의 뜻과 인도하심이 우리에게 가장 최선이요, 최고라는 것을 인정하는 것이다.

다윗은 목표가 하나님의 뜻이었다. 골리앗이 하나님을 모욕하는 말을 할 때 다윗은 분노하며 나간다. 하나님의 영광이 공격당했기 때문이다. 누군가에 대해 알고 싶다면 그 사람이 무엇 때문에 분노하는지를 보면 된다. 소인배는 자기의 이익 때문에 분노한다. 그러나 하나님의 사람은 하나님의 영광 때문에 분노한다. 목표가 좋아야 인생이 나아진다.

다윗은 성공 요인을 자기의 힘이 아니라 하나님의 힘이라고 고백한다. 주어가 하나님인 인생을 살아가는 사람은 강하다. 사람은 위기에 처하면 지푸라기라도 잡으려고 하는데, 그때 어떤 힘을 붙드느냐가 중요하다.

힘에는 독이 있다. 그러므로 부작용이 없는 힘을 붙잡아야 한다. 아무리 힘들어도 검은돈이나 사채, 마약 등에 의지해서는 안 된다. 당장은 도움이 되겠지만 그다음에는 엄청난 대가를 치러야 한다. 위기는 믿음을 붙들게도 하지만 오히려 믿음을 저버리게 하는 유혹의 시간이 되기도 한다. 하나님의 힘 외에 다른 힘을 의지하지 말라.

Chapter 32

하나님 앞에 거룩을 연습하라

●

●

●

스스로 지혜롭게 여기지 말지어다
여호와를 경외하며 악을 떠날지어다
_ 잠언 3:7

　　　　　　목사 안수를 받은 지 얼마 되지 않은
때였다. 아내와 함께 매주 월요일이면 대구에 있는 기도원으
로 하나님의 인도하심을 구하러 가곤 했다. 그날도 기도원을
향해 운전을 하고 있는데 갑자기 난데없이 차 한 대가 앞으로
끼어들었다. 너무 놀란 나는 경적을 마구 누르며 욕설과 함께
'이봐, 지금 제정신이야!' 하고 소리를 질렀다. 들었는지 못 들
었는지 그 차는 보란 듯이 얄밉게 쌩하니 내빼고 말았다. 옆에
앉아 있던 아내는 "성질도 급하시긴. 조금 참으면 되지, 어떻
게 입에서 그런 욕이 나와요?" 하며 오히려 나를 탓했다. 아내

의 그 한마디가 내 성질을 더 돋우게 되어 불난 데 기름을 부은 격이 되었다. 아내라면 "아니, 저놈 봐라! 저러다 내 남편 사고 나면 어쩌라고. 무슨 차를 저렇게 몰아!" 하면서 내 편을 들어주길 내심 기대했는데, 남의 속도 모르고 운전하다 봉변을 당할 뻔한 남편에게 도리어 핀잔을 주니 못내 속상하고 억울한 마음이 들었다.

속이 상해 말없이 달리고 있는데 다른 차가 또 갑자기 끼어들었다. 운전석을 보니 여자가 아닌가! 마침 집사람에게 받은 스트레스로 속에서 불이 나는데 같은 여자가 끼어드니 잘됐다 싶은 생각에 막말이 튀어나왔다.

"야! 저 가시나가 왜 또 열 받게 하는 거야. 확 박아 버릴까 보다!"

아내는 기가 차는지 나를 한 번 쳐다보고는 입을 꽉 다물었다. 잠시 후 기도원에 도착해 집회에 들어갔는데, 마침 목사님의 찬양이 내 마음의 쓴 뿌리를 뽑아냈다. 무릎을 꿇은 내 눈에 왜 그리 눈물이 나는지 주체할 수가 없어서 손을 더 높이 들고 기도했다.

'주님, 제가 더 깨어져야 합니다. 주님, 제가 더 부서져야 합니다. 이제 목사가 되었습니다. 그런데 왜 제 마음속에 있는 쓴 뿌리는 뽑히지 아니합니까? 주님, 저를 용서해 주시옵소

서. 주님, 주님!'

그렇게 매주 월요일이면 기도원에 가서 우는 것으로 나의 목회가 시작되었다. 하나님이 이런 내 모습을 기특하게 여기셨는지, 무릎의 눈물은 삼령교회에서 군위 읍 교회로 기적의 현장을 이루었다. 마음속에 쓴 뿌리만 잘 뽑아내면 그 안에 대신 성령의 능력이 담겨 하나님의 기적을 볼 수 있음을 깨달았다. 10년이면 강산도 변한다는데 그 10년이 여러 번 지나가도 마음이 변하지 않는 이유는 무엇일까? 마음속에 있는 쓴 뿌리를 뽑아내지 않았기 때문이다. 이것이 바로 우리가 거룩을 연습해야 하는 이유다.

성경에 나실인에 대한 이야기가 등장한다. 나실인은 하나님 앞에 자신을 거룩하게 구별하여 드리고 헌신한 사람이다. 세상의 죄를 짓지 않고 하나님의 법대로 살고자 모든 것을 포기한 사람이다. 민수기 6장이 '나실인 장'이다. 나실인은 다음의 세 가지를 지켜야 한다.

첫 번째로 포도에서 난 것은 어떤 것이든 먹어서는 안 된다.

"포도주와 독주를 멀리하며 포도주로 된 초나 독주로 된 초를 마시지 말며 포도즙도 마시지 말며 생포도나 건포도도 먹지 말지니 자기 몸을 구별하는 모든 날 동안에는 포도나무 소산은 씨나 껍질이라도 먹지 말지며(민수기 6:3, 4)"

포도에서 난 음식이나 음료는 어떤 것도 입에 대서는 안 된다. 그래서 나실인에게는 포도원이 어디에 있는지 늘 경고해 주어야 했다. 혹시 부지중에 포도주를 마실지도 모르기 때문에 연회나 모임에도 가면 안 된다. 포도주란 세상적인 기쁨을 의미한다. 가나의 혼인 잔치에 포도주가 떨어졌다는 것은 기쁨이 중단되었다는 것을 뜻한다. 하나님의 일을 할 사람은 세상적인 기쁨을 멀리해야 한다. 제사장은 하나님의 기쁨으로 기뻐해야 하고 하나님의 행복으로 행복해야 한다. 또한 하나님의 목표를 자기 목표로 삼아야 한다.

두 번째로 나실인은 머리를 깎으면 안 된다.

"그 서원을 하고 구별하는 모든 날 동안은 삭도를 절대로 그의 머리에 대지 말 것이라 자기 몸을 구별하여 여호와께 드리는 날이 차기까지 그는 거룩한즉 그의 머리털을 길게 자라게 할 것이며(민수기 6:5)"

머리를 단정하게 깎지 않으면 부끄러워서 아무 곳이나 다닐 수가 없다. 외출을 삼가게 된다. 자기 몸도 관리하지 못한다 하여 사람들의 눈총을 받기도 한다. 그래서 사람들과 멀리 떨어져 살면서 죄를 멀리하게 되고 하나님과만 가까이하려고 애를 쓰게 된다. 그리고 누가 뭐라 해도 하나님의 일만 하는 추진력이 생긴다. 바울은 머리를 깎지 않는 것에 대해 이렇게 말했다.

"만일 남자에게 긴 머리가 있으면 자기에게 부끄러움이 되는 것을 본성이 너희에게 가르치지 아니하느냐(고린도전서 11:14)."

세 번째로 나실인은 시체를 만져서도 안 된다.

"자기의 몸을 구별하여 여호와께 드리는 모든 날 동안은 시체를 가까이하지 말 것이요 그의 부모 형제자매가 죽은 때에라도 그로 말미암아 몸을 더럽히지 말 것이니 이는 자기의 몸을 구별하여 하나님께 드리는 표가 그의 머리에 있음이라(민수기 6:6, 7)."

죽음은 가장 큰 슬픔이고, 가장 오랜 분리다. 그러나 이것도 이길 수 있어야 한다. 심지어 아버지, 어머니, 자녀의 시체까지도 보거나 만져서는 안 된다. 부정과 멀어지라는 의미다. 이는 천연적인 애정을 끊을 수 있어야 하나님의 제사장이 될 수 있다는 말이다.

이런 나실인의 서원은 누가 하는가? 나실인의 서원은 첫째, 하나님이 하신다. 삼손은 하나님이 정해 주신 나실인이다. 둘째, 부모가 한다. 사무엘은 어머니 한나가 나실인으로 서원했다. 셋째, 본인이 한다. 이것은 가장 많은 형태의 나실인이다.

나실인의 서원 기간은 어느 정도여야 하는가? 최소 한 달에서 최대 일생이다. 그때그때 영감에 의해 정하게 된다. 만일 서원 기간 동안 나실인의 법을 어기면 어떻게 될까? 지금까지 나실인으로 산 것이 무효가 된다. 다시 처음부터 시작해야 한다.

나실인은 남자여야만 하는가? 그렇지 않다. 나실인 중에는 여자도 많이 있었다. 하나님은 모세에게 여자도 나실인으로 살 수 있다고 말씀하셨다. "여호와께서 모세에게 말씀하여 이르시되 이스라엘 자손에게 전하여 그들에게 이르라 남자나 여자가 특별한 서원 곧 나실인의 서원을 하고 자기 몸을 구별하여 여호와께 드리려고 하면(민수기 6:1, 2)"이라는 내용에서 여자 목사의 성서적인 근거를 찾을 수 있다. 나실인은 지파나 남녀 구별이 없다.

나실인의 서원은 어디에서 지켜야 하는가? 반드시 이스라엘 땅에서 나실인의 기간만큼 지키며 살아야 한다. 다른 곳에서 나실인으로 산 것은 무효다.

나실인 서원에 대해 이런 유명한 이야기가 있다. 제2성전 시대에는 수많은 유대인들이 변화되어 하나님을 믿었다. 그중에 디아베네(Diabene)라는 조그만 왕국이 있었다. 그 왕국은 헬렌즈(Helenz)라는 여왕이 다스리고 있었다. 그녀는 이방인이었지만 하나님을 믿게 되었다. 한번은 그의 아들이 전쟁터에 나가게 되었다. 어머니는 불안하여 이렇게 서원했다.

"하나님! 만일 내 아들을 전쟁터에서 살아 돌아오게 하시면 7년간 나실인으로 살겠습니다."

마침내 그의 아들이 전쟁터에서 무사히 돌아왔다. 여왕은 기뻐하면서 하나님께 영광을 돌리며 나실인으로 7년을 살았다. 성공적으로 나실인의 삶을 마쳤다. 7년이 지나자 여왕은 예루살렘을 방문했다. 여왕에게 토라를 가르쳤던 유명한 랍비인 힐렐의 집을 방문했다. 그리고 나실인으로 7년간 살 때의 경험을 이야기했다. 힐렐은 그녀의 이야기를 듣고 말했다.

"여왕님은 7년 동안 나실인의 삶을 성공적으로 살았습니다. 그러나 그것은 무효입니다. 이스라엘 밖에서 나실인의 삶을 살았기 때문입니다. 나실인의 삶은 이스라엘 땅에서만 지켜야 합니다. 그러니 이곳에서 다시 나실인으로 7년을 살아야 합니다."

그래서 헬렌즈 여왕은 자기 왕국으로 돌아가지 못하고 이스라엘 땅에서 7년을 나실인으로 살아야 했다. 그러다 7년이 다 지날 즈음에 시체를 보게 되었다. 길을 가다가 우연히 본 것이다. 그래서 다시 나실인의 삶을 시작하여 14년을 이스라엘에서 보냈고 총 21년간 나실인으로서의 삶을 살았다.

성공적으로 나실인의 삶을 살고 나면 마지막 절차는 머리를 깎고 하나님께 제물을 드리며 나실인에서 벗어나는 것이다. 그리고 나면 하나님이 크게 사용하는 사람이 되었다. 하나님이 쓰시는 사람은 반드시 훈련이 필요하다.

Chapter 33

은혜에 집중하며 기쁨을 구하라

충성된 자는 복이 많아도
속히 부하고자 하는 자는 형벌을 면하지 못하리라
_ 잠언 28:20

성공적인 인생을 산 사람들의 특징 중 하나가 '집중'이다. 다른 곳에 한눈팔지 않고 자기 분야에 집중할 때 놀라운 일들이 일어날 수 있기 때문이다. 그래서 옛 어른들도 "우물을 파려면 한 우물을 파라."라고 했다. 물이 잘 안 나온다고 이곳저곳 찔러 봐야 소용없다는 말이다. 직업도 자주 바꾸면 한 분야에서 성공하기 어렵다. 한 가지 일에 집중하는 사람이 깊은 땅속에서 샘물이 솟아나듯 성공적인 인생을 살 수 있다. 음식점도 마찬가지다. 전문적인 음식점은 한 가지 메뉴에 승부를 건다. 아무리 경제가 어려워도 특정 음식 전문점은 쉽게 망하지 않는다.

집중의 원리를 가장 잘 나타내는 것이 돋보기다. 빛은 어디에나 있지만 그 빛이 모두 불을 만드는 것은 아니다. 돋보기를 통해 빛을 한곳으로 집중시킬 때 불이 일어나면서 종이를 태우게 된다. 이처럼 집중하는 행위는 굉장한 힘을 이끌어 낼 수 있다. 우리의 믿음이 자라지 않는 것은 집중하지 못하기 때문이다. 하나님과 세상 사이를 왔다 갔다 하니 정신이 분산되어 제대로 되는 일이 없는 것이다. 그러나 진정으로 하나님을 향해 집중하면 하나님을 경험할 수 있다.

미국의 남북 전쟁 당시 링컨은 그랜트 장군을 총사령관으로 임명했다. 그러고 나서 링컨이 승리를 호언장담하자 이상하게 여긴 참모들이 물었다.

"병력이나 전황에 전혀 변화가 없는데 어떻게 승리를 확신하십니까?"

이때 링컨이 이렇게 대답했다고 한다.

"그랜트가 나 못지않게 이기고 싶어 하기 때문일세."

그렇다. 링컨은 그랜트가 승리를 위해 집중하는 것을 보고 그같이 확신했던 것이다. 사실 링컨은 그랜트 이전에 스코트, 맥도웰 등 여러 지휘관을 사령관으로 임명했지만 모두 실패했었다. 심지어 그 시대 최고의 군사 전략가였던 할렉 사령관도 역시 마찬가지였다. 그러나 승리를 위해 집중하는 한 사람, 그 랜트를 세우자 전세는 달라졌고 마침내 승리를 거머쥘 수 있었다.

하나님은 우리가 하나님께 집중하기를 원하신다. 세상도 사랑하고 하나님도 사랑하는 곳에는 하나님의 능력이 스며들 수 없다. 교회에서 헌신도 하지만 다른 세상적인 욕심도 가슴 속에 있을 때는 성령님이 강하게 역사할 수 없다. 마음이 오직 하나님께 집중될 때 하늘의 것들을 체험할 수 있다.

목회를 하다 보면 여러 일들을 만난다. 첫 목회지인 봉촌교회에서 시무할 때의 일이다. 은혜 속에서 신학교를 다니던 때라 피곤함도 모르고 열심히 사역을 했다. 시골 교회인지라 교인수를 다 합해서 30~40명 정도였다.

어느 날 나이가 지긋하신 권찰님 한 분이 나를 찾아와 이렇게 물었다.

"전도사님! 우리 아들, 살림을 내줘야 하는데 언제 이사하면 좋겠능겨? 저 건너편에 있는 사과밭 독가촌입니다. 남의 사과밭 세내서 나가는데 좋은 날 받아서 이사 가야 복을 많이 받지 않겠습니까?"

부임한 지도 얼마 안 되었는데 첫 번째이자 큰 시험거리였다. 내가 받아 준 날짜에 이사한 후 잘살게 되면 이번 전도사 참 용하다고 선전할 것이고, 자기가 농사를 못 지어 못살게 되면 전도사가 좋은 날을 못 받아 줘서 실패했다고 흉볼 테니 동네에 안 좋게 소문이라도 나면 교회 부흥에 지장이 될 것 같아 고민이 되었다. 그래도 일단 이사 날짜는 잡아 주어야 한다는 생각에 기도를 하고 달력을 보다가 "다음 주 5월 7일 목요일로 하십시오."라고 알려 주었다. 그랬더니 "아이고, 고맙습니다. 5월 7일 목요일! 5월 7일 목요일……." 하며 날짜를 반복하여 중얼거리면서 머릿속에 입력해 갔다. 드디어 5월 7일 목요일, 오후에는 학교에 가기 때문에 아침부터 담 너머로 얼굴을 내밀어 이사하는지를 보고 있는데 웬일인지 아무런 기미도 없는 것이었다. 금요일도 이사를 가지 않았다. 궁금했지만 참고 기다렸다. 주일이 지나고 12일 화요일이었다. 권찰님 집 대문 앞에 경운기 소리가 나고 사람들이 모여서 이삿짐을 싣느라 야단법석이었다.

나는 살짝 기분이 상했다. 그래서 속으로 '나한테 묻지나 말지! 이삿날 잡아 달라길래 잡아 줬더니 왜 그날 안 가고 마음대로 날짜를 바꾸는 거야?' 하며 투덜거렸다. 그러다 이내 '이제부터 목회가 이렇게 시작되는가 보네. 속이 상해도 참으라는 하나님의 뜻이 있나 보다.' 하고 흐트러진 마음을 혼자 추

슬렀다.

한 주가 지나 수요일이 되어 집에 있는데 사이렌 소리가 들리기 시작하더니 점점 크게 울리는 것이었다. 사람들이 "사과밭에 불이 났다!" 하고 소리치면서 바가지며 양푼을 들고 뛰어가고 있었다. 뛰는 사람을 붙들고 "누구 집인가요?" 했더니 "지난 화요일에 이사 간 사과밭 독가촌 집에 불이 났다네요." 하는 것이었다. 바로 그 권찰님 아들 집이었다. 부부가 시장에 가고 집을 비운 사이 원인 모를 불이 나서 신혼살림이 홀랑 다 타고 말았다. 밤에 권찰님이 울면서 교회에 오셨다.

"권찰님, 어찌 된 일입니까?"

"아이고, 전도사님! 영감이 시장에서 점을 보고 와서는 목요일에 이사 가면 온갖 재물이 다 나가고 한 주 걸러 화요일에 이사하면 금덩어리가 마구 굴러든다고 했다면서 기어이 화요일에 이사를 했는데 이렇게 되고 말았네요."

정말 하나님을 경험하고 싶은가? 아니, 좀 더 정확하게 표현한다면 하나님의 축복과 하나님의 능력을 체험하고 싶은가? 그렇다면 그 어떤 것보다 먼저 하나님을 기쁘게 해드리는 일에 집중해야 한다. 우리는 대부분 다른 사람이 나를 어떻게 보는가에 무척 신경을 쓴다. 보통 집에서는 편한 옷을 입고 있다가도 외출을 할 때는 비싸고 좋은 옷을 꺼내 입는다. 여자들이 밖에 나갈 때 예쁘게 화장을 하는 이유도 타인을 의식하기 때문이다. 인간은 늘 타인을 의식하며 살아간다. 물론 남을 의식하는 것이 창조성으로 이어질 때는 문화나 문명의 발달을 자극하게 된다. 그러나 반대로 부정적으로 작용하면 우리를 끊임없이 긴장시키고 열등감이나 분노, 수치심을 심어 주기도 한다.

그런데 우리에게는 타인에 대한 의식보다 더 중요하게 늘 의식하며 살아야 할 것이 있다. 바로 '하나님'이다. 좋은 믿음의 사람들은 어디에서 무엇을 하든지 늘 하나님을 의식하고 하나님께 집중하며 살아간다. '하나님은 나를 어떻게 생각하실까? 지금 내 모습을 하나님은 어떻게 보실까?', 또 '예수님이라면 어떻게 하셨을까?'라고 물으면서 살아간다.

창세기 1장에 보면 가장 많이 나오는 구절 중의 하나가 바로 "하나님이 보시기에 좋았더라."라는 구절이다. 하나님이 천지를 창조하신 후에 각 피조물들을 바라보시며 느낀 소감을 "좋구나."(good)라고 성경은 표현한다. 빛을 창조하시고 "좋구나."라고 말씀하셨다. 하늘과 땅, 그리고 해와 달과 별들을 창조하시고 "좋구나." 하셨다. 사람을 창조하시고 "좋구나." 하셨다. 그리고 하나님이 지으신 그 모든 것을 보시고 "심히 좋구나."(wonderful)라고 말씀하셨다. 하나님 보시기에 좋도록 창조하신 것, 그것은 하나님이 세상을 창조하신 중요한 목적이기도 하다.

그렇다. 성경은 이 부분을 분명하게 밝힌다. 왜 하나님이 빛, 낮과 밤, 그리고 궁창, 해와 달과 별들을 창조하셨는가? 바다와 육지를 만드시고 식물과 동물, 그리고 인간을 창조하신 목적이 무엇인가? 성경은 그것을 한마디로 "하나님 보시기에 좋았더라."라고 말한다. 그러므로 온 세상은 하나님 보시기에 좋아야 한다. 하나님의 형상대로 지음 받은 사람들도 하나님이 보시기에 좋은 삶을 살아야 한다. 그것이 바로 하나님이 세상을 창조하신 목적이기 때문이다. 우리는 그 어떤 것보다 하나님이 보시기에 좋은 모습으로 이 세상을 살아야 한다.

믿음은 내가 만들어 내야 할 무엇인가가 아니라 터득해야 하는 기술이다. 믿음은 하나님의 선물로 내려오기 때문에 매일 그것을 위해 기도할 필요가 있다. 성경에서는 "두려워 말라."라는 명령을 365번이나 되풀이해서 말하고 있다. 두려움에 대한 해결책은 상황의 변화가 아니라 하나님의 사랑 안에 깊이 뿌리를 내리는 것이다. 토마스 머튼은 현대 도시 생활의 모든 요소가 우리로 하여금 내면을 깊이 파고들지 못하도록 방해한다는 사실을 인정했다. 우리는 돈에 대해 걱정하고, 소유하거나 알아야 할 것에 대해 걱정하고, 경쟁자들에 대해 걱정하고, 자신의 통제 범위를 벗어나는 일들에 대해 걱정한다. 머튼은 진정한 자유에 이르는 비밀을 발견했다. 우리의 유일한 행복은 하나님을 기쁘게 해드리는 것이며, 오직 그 행복을 위해 살아간다면 우리를 압박해 오는 근심과 걱정으로부터 벗어나 자유로워질 수 있다.

내가 아는 한 의사는 사고로 절단된 손가락을 다시 붙이는 수술에 전문가였다. 일단 수술실에 들어가면 현미경을 최소한 여섯 시간에서 여덟 시간 동안 끊임없이 응시하며 사람 머리카락보다 가는 신경망과 힘줄과 혈관을 분류하고 연결시켜야 한다. 조금만 실수해도 환자의 손가락은 영원히 움직이지 못하거나 감각을 잃게 된다. 수술하는 동안에는 잠깐 커피를 마시지도 못하고 화장실에도 갈 수 없다. 언젠가 새벽 3시에 비상 전화를 받은 그가 병원으로 달려갔다. 그런데 수술이 너무 복잡해서 시작할 엄두가 나지 않았다. 그는 마음에 자극을 줘서 수술에 집중할 생각으로 그 수술 결과를 얼마 전에 돌아가신 아버지께 바치기로 결심했다. 수술이 진행되는 몇 시간 동안 그는 아버지가 자신을 격려하기 위해 자기 어깨 위에 손을 올리고 곁에 서 계신 것처럼 행동했다.

그 방법은 아주 효과적이었다. 그 후로 그는 수술 결과를 자기가 알고 있는 누군가에게 바친다는 마음으로 수술을 했다. 그는 그 사람들의 이름을 불러 일깨우며 말했다.

"지금 아주 어려운 수술이 나를 기다리고 있습니다. 이 수술을 당신께 바치고 싶습니다. 내가 수술을 하는 동안 당신 생각을 하면 많은 도움이 될 것입니다."

그때 그는 이런 생각이 떠올랐다.

'내 삶도 이와 똑같은 방법으로 하나님께 드려야 마땅하지 않을까?'

그가 매일 행하는 사소한 일들-전화를 받고, 직원을 고용하고, 의학 잡지를 읽고, 환자들을 만나고, 수술 일정을 잡는 것 등-에는 거의 변화가 없었다. 그러나 하나님을 위해 살아야겠다는 인식은 세상의 일들 속에 조금씩 영향을 미치기 시작했다. 그는 자신이 전보다 간호사들을 더 배려하고 존중하며, 환자들을 돌보는 데 더 많은 시간을 투자하고, 재정 문제에 대해 거의 걱정하지 않게 되었다는 사실을 알게 되었다.

'외적인 환경, 은혜의 활동, 마음의 완악함', 이것은 파스칼이 비밀 일기장에 적어 놓은 내용이다. 바로 이 세 가지 요소가 우리의 삶을 에워싸고 있다. 외적인 환경은 항상 우리를 옥

죄어 온다. 가족 간의 다툼, 직장에서 받는 스트레스, 경제적인 근심 등 무수한 걱정거리가 압박해 온다. 은혜의 활동은 하나님의 선물이며 우리가 더욱 깊은 실체에 근거를 두도록 도와준다. 마음의 완악함이란 무엇일까? 세 가지 요소 가운데 유일하게 우리가 통제할 수 있는 것이다. 변화란 의지의 작용으로 이루어지는 것이 아니라 은혜의 작용으로 가능한 일이다. 은혜에 집중하며 끊임없이 기쁨을 구하는 수밖에 없다.

Chapter 34

염려의 짐을 주께 맡기는 연습을 하라

여호와께서 주시는 복은 사람을 부하게 하고
근심을 겸하여 주지 아니하시느니라
_ 잠언 10:22

어느 교회에 늘 범사에 염려가 충만한
집사님이 있었다. 그래서 하나님이 그 집사님의 염려거리를
모두 없애 주셨다고 한다. 그랬더니 그 집사님 하는 말이 "염
려거리가 없어 큰 걱정"이라고 또 염려하더란다. 염려는 습관
이다. 그리고 결국은 중독이 되어 염려가 없는 날이면 오히려
불안해 하는 것이 우리의 연약함이다.

염려라는 영어의 단어는 'worry'인데, 이 말은 그리스 어
'메림나오'로서 어근은 영어의 'care'와 흡사한 의미를 가지고
있다. 원래 메림나오는 '분열되다, 나뉘다'의 '메리조'와 '마

241
chapter 34

음, 이해력'을 의미하는 '누스'의 합성어다. 그러므로 염려란 '마음을 나눈다.'라는 의미를 담고 있다. 야고보서에 보면 염려하는 자를 '두 마음을 품어 모든 일에 정함이 없는 자'라고 기록하고 있다. 다시 말해서 염려한다는 말은, 영적으로 정신적으로 안정되지 못하여 분열 상태에 이르는 것이다.

더 나아가 염려라는 말은 '목을 조르다.'라는 뜻이 있다. 마귀가 하나님의 자녀들을 염려하게 함으로써 목을 조르는 것이다. 그렇게 무력화시키고 무능하게 만든다. 우리가 살고 있는 현실은 실로 염려거리로 충만해 있다. 하루하루 그냥 지나가는 날이 별로 없다. 가지 많은 나무에 바람 잘 날 없다고, 부요하면 부요할수록 지식이 많으면 많을수록 유명하면 유명할수록 지위가 높으면 높을수록 염려의 강도와 수위는 더 높아지기 마련이다.

그럼에도 불구하고 주님은 우리에게 염려하지 말라고 강력하게 요구하신다. 그것은 우리의 건강과 행복을 위해서다. 왜냐하면 염려는 만병의 근원이며, 불행의 뿌리며, 스트레스의 주범이기 때문이다. 그러므로 염려를 버릴 수만 있다면 얼마든지 건강하고 행복하게 살아갈 수 있다.

그런데 무슨 수로 염려를 안 하고 살 수 있을까? 주님은 불가능한 것을 우리에게 요구하시지 않는다. 다소 어렵기는 하지만 얼마든지 방법은 있다. 그것이 바로 믿음인데, 도대체 이 믿음은 무엇일까? 믿음을 한마디로 정리하자면 '맡기는 것'이다. 그러므로 믿음이 좋다는 말은 잘 맡긴다는 뜻이다. 반대로 못 맡기는 것은 지독한 불신앙 때문이다.

내가 아는 한 목사님은 믿음에 대해 이야기하던 중 이런 말씀을 하셨다.

"집에 불이 나도 한숨 자고 나서 꺼라."

나는 예수님을 믿은 지가 수십 년이 되었어도 아직 그 말씀에 흉내도 못 낸다. 그래서 또 걱정이다. 대체로 어른들은 염려거리가 크면 잠을 이루지 못한다. 그러나 아이들은 끄떡없이 잘도 잔다. 부모를 100% 믿고 맡기기 때문이다.

온종일 예배를 드려도 염려가 맡김으로 변화되지 않는다면, 몇 날 며칠을 금식하며 기도해도 염려가 평안으로 바뀌지 않는다면, 불철주야 주님을 위해 뛰고 달려도 마음에 수심이 여전하다면……. 만일 그렇다면 우리의 믿음 됨을 무엇으로 설명할 수 있을까?

어떤 면에서 보면 염려는 병의 일종인 듯싶다. 내 마음대로 되지가 않기 때문이다. 맡기고 싶을 때 맡겨지고 염려하지 않아야 할 때 염려가 사라지면 얼마나 좋을까? 노력으로, 결심으로, 의지로 안 되는 것이 염려다. 우리의 대적 마귀가 이 사실을 모를 리 없다. 어떻게든 염려거리를 안겨 줄 뿐 아니라 힘도 실력도 없으면서 하나님께 맡기지도 못하게 한다.

그러므로 큰 은혜 중에 은혜는 잘 맡기는 은혜다. 문제는 여전한데도 염려가 안 되고 걱정이 안 되는 것은 은혜가 아니면 불가능하다. 하나님께 이 은혜를 구해야 한다. 문제 해결을 위해서도 힘써야 하지만 걱정이 안 되는 은혜를 얻기 위해서도 애써야 한다. 갑자기 옛 어른들의 말씀이 생각난다.

"염려 붙들어 매라."

그런데 어디에 붙들어 매야 하는지는 언급이 없다. 그러나 성경은 우리에게 말씀하신다.

"너희 염려를 다 주께 맡기라."

그렇다. 우리의 염려를 주님께 붙들어 매야 한다. 단순히 염려를 하지 말라거나 문제를 무시하라는 말이 아니라 염려를 '주님께 맡겨' 버리라는 것이다. 그것도 몇 가지의 염려가 아니라 모든 염려를 말이다.

믿음의 정의는 염려를 주님께 맡겨 버리는 것이다. 나는 쓰레기를 버리고 올 때 그렇게 기분이 좋을 수가 없다. 그리고 한 번도 이미 버린 것을 아쉬워하거나 후회하거나 다시 가져온 경우는 없다. 맡겨 버린다는 것은 그런 것이다. 주님께 염려를 맡김으로써 마음이 홀가분해야 진짜 맡긴 것이다.

이 은혜가 우리 모두에게 있었으면 좋겠다. 걱정거리가 있어도 걱정이 안 되는 은혜 말이다. 문제가 있어도 잠을 푹 잘 수 있는 은혜 말이다. 그러기 위해서는 염려하는 체질에서 잘 맡기는 체질로 전환되어야 한다. 하루아침에 바꾸기는 어렵겠지만 성령의 기름 부으심이 있으면 언젠가 변화할 수 있다. 맡겨지는 은혜, 더 나아가 걱정거리는 많은데 걱정이 안 되는 은혜가 우리 모두에게 임했으면 하는 바람이다.

대중목욕탕에 가보면 계산대 뒤편에 이런 글이 쓰여 있다.

"귀중품은 주인에게 맡기십시오. 맡긴 것만 책임집니다."

우리의 염려와 귀중한 것들을 우리 삶의 주인 되시는 주님께 맡기라. 주님은 맡긴 것만 책임지신다. 집에 불이 나도 한숨 자고 나서 끌 정도의 큰 믿음으로 살아 보고 싶다.

한편 신뢰와 체념은 다른 것이다. 전자는 믿고 맡기는 것이고, 후자는 완전히 수동적인 것이다. 체념한 사람은 굳이 하나님께 매달리는 수고를 하지 않는다. 왜냐하면 미래에 대해 자포자기했기 때문이다. 체념한 사람은 무엇이든 적극적으로 할 필요가 없다고 여긴다.

이와 반대로 하나님을 신뢰하는 사람은 적극적이다. 주님의 겟세마네 동산의 기도는 하나님을 신뢰하는 것이 무엇인지를 잘 보여 준다. 그분은 기도하고, 자신과 자신의 상황을 하나님께 맡기며, 아버지의 뜻을 받아들였다. 이것은 고개를 가로저으며 될 대로 되라고 말하는 운명론과는 완전히 다른 것이다.

이제 염려에 대한 다섯 가지 지혜를 살펴보자.

첫째, 하나님은 우리의 상황을 아신다. 시편 139편 8~10절을 보면 "내가 하늘에 올라갈지라도 거기 계시며 스올에 내 자리를 펼지라도 거기 계시니이다 내가 새벽 날개를 치며 바다 끝에 가서 거주할지라도 거기서도 주의 손이 나를 인도하시며 주의 오른손이 나를 붙드시리이다."라고 말씀한다.

둘째, 우리가 염려한다고 상황이 바뀌는 것은 아니다. 이따금 나는 비행기를 타고 가다가 폭풍우를 만나면 비행기가 안전하게 목적지에 도착할 수 있을지 걱정한다. 그러나 내가 걱정한다고 해서 폭풍우가 멈추는 것도 아니고 조종사에게 뭔가 도움이 되는 것도 아니다. 우리의 염려가 상황을 바꿀 수는 없다는 사실을 깨닫는다면 염려하고 싶은 생각이 들 때 그것을 일소에 부칠 수 있을 것이다.

셋째, 어떤 일의 결과가 우리의 예상만큼 나쁜 경우는 극히 드물다. 때때로 강의에 임할 때 나는 비판적 학자와 저명인사가 청중 속에 끼어 있다는 것을 알게 된다. 이럴 때 내심 걱정이 되기도 하지만 결국 내가 부질없는 생각을 했다는 자책으로 끝내고 만다. 왜냐하면 내가 걱정한 것만큼 나쁜 결과가 생기지 않기 때문이다. 우리는 때때로 공연히 호들갑을 떨지만 대개의 경우 염려에 사로잡혀서 예상했던 것만큼 나쁜 결과가 나오지는 않는다.

넷째, 언제나 유쾌한 일만 일어나기를 기대할 수는 없다. 성숙한 신자로서 자기에게 닥치는 일이 고의적 죄의 결과가 아니라면 그것을 받아들이는 법을 배워야 한다. '내가 거기에 있지 않았더라면……' 또는 '내가 용기를 내서 이렇게 행동했더라면……'이라고 자책하지 말라. 우리가 섬기는 하나님은 우리의 유익을 위해 모든 것이 합력하여 선을 이루도록 섭리하시는 분이다. 이것이 구약의 욥기가 주는 교훈이다. 욥처럼 자신의 상황을 받아들이는 법을 배워야 한다. 그러므로 '내가 이렇게 행동했더라면 인생이 달라지지 않았을까?'라는 고민에 빠지지 말라.

다섯째, 걱정이 이루어 주는 것은 없다. 성경에 나오는 신앙의 사람들을 깊이 묵상하라. 그들은 낙심하기 쉬운 불가항력적인 상황을 이긴 사람들이다. 하나님이 아브라함에게 집을 떠나라고 말씀하셨을 때 그는 순종하여 떠났다. 그는 자기의 종착지가 어디일지 걱정할 수도 있었을 것이다. 에스더는 사전 허락 없이 왕에게 나아갔을 때 혹시 처형될지도 모른다고 걱정할 수도 있었을 것이다. 감옥에서 요셉은 '하나님이 나를 잊어버리신 것이 아닐까? 내가 꾸었던 꿈이 정말로 실현될까?'라고 걱정할 수도 있었을 것이다. 드보라는 전쟁 결과에 대해 바락과 논쟁하면서 '이 사람을 설득하여 전쟁을 치르면 과연 소기의 목적을 달성할 수 있을까?'라고 걱정할 수도 있었을 것이다. 만일 이 사람들이 걱정에 사로잡혀 아무것도 하지 못했다면 열매 맺는 지도자가 될 수 있었겠는가? 예수님은 "사람으로는 할 수 없으나 하나님으로서는 다 하실 수 있느니라(마태복음 19:26)."라고 말씀하셨다.

그러므로 우리는 하나님에 대해 염려할 필요가 없다. 자신에 대한 염려가 간혹 정당화될 때도 있겠지만 이것 역시 거의 생산적이지 못하다. 자신에 대해 염려할 시간에 차라리 우리가 할 수 있는 것을 행하고 결과를 하나님의 손에 맡겨 드리는 것이 훨씬 더 지혜로운 방법이다.

Chapter 35

돈의 시험대 위에서 믿음을 증명하라

네가 어찌 허무한 것에 주목하겠느냐 정녕히 재물은
스스로 날개를 내어 하늘을 나는 독수리처럼 날아가리라
_ 잠언 23:5

우리 모두는 한평생을 보내면서 돈과 끊을 수 없는 관계를 맺게 된다. 얼마나 많은 사람이 오늘도 돈 때문에 울고 웃는지 모른다. 쟈끄 엘룰은 이런 말을 했다.

"돈은 어느 누구도 피할래야 피할 수 없는 현실이다."

돈에 대해 남의 이야기처럼 말하며 인생을 살 수 있는 사람은 아무도 없다. 돈은 모른 척하고 지나가는 것을 결코 허용하지 않는다고 한다. 누구든 자기의 삶과 신앙이 어떠한지를 설명하기 위해서는 돈 앞에 서야 한다는 것이다. 이 말에 전적으로 공감한다. 돈 앞에 설 때 그 사람의 인격이 드러난다. 돈 앞에 섰을 때 그 사람이 어떤 신앙을 가지고 있는지가 드러난다. 그러므로 돈은 우리를 판단하는 시험대 같은 것이다.

우리는 자본주의의 유물론과 공산주의의 유물론으로 대표되는 '물질주의 시대'에 살고 있다. 존 화이트의 견해를 그대로 빌리자면 '공산주의 유물론'은 '돈만이 유일한 존재'라고 주장하고 '자본주의 유물론'은 '돈만이 중요하다.'라고 주장한다. 그러니 공산주의나 자본주의나 말의 표현상 차이가 있을지는 몰라도 그 밑바닥에 물질주의를 깔고 있다는 면에서는 동일한 것이다.

사람들은 이런 돈을 어떻게 생각하는가? 인생을 행복하게 만드는 확실한 수단으로 생각한다. 힘을 과시할 수 있는 높은 깃발로 생각한다. 또 안전을 지켜 주는 든든한 방패막이로 믿는다. 더 나아가서는 생명과 건강까지도 보장해 줄 수 있는 절대적인 존재로 생각한다. 이렇게 돈을 떠받드니 자연히 돈의 횡포가 심해질 수밖에 없다. 돈은 자기도 모르는 사이에 우리 인간을 지배하는 폭군으로 변했다. 얼마나 그 세력이 무서운지 돈의 힘 앞에 국가도 무릎을 꿇고 마는 일들이 종종 생긴다. 돈의 위세 앞에서는 법도 제 기능을 발휘하지 못하는 것을 우리는 날마다 보면서 살고 있다.

서브프라임 모기지로 시작된 미국발 금융 위기 역시 인간의 탐욕이 만들어 낸 결과다. 돈은 이미 화폐라고 하는 가치 교환의 영역을 뛰어넘은 지 오래다. 돈은 사람의 정신까지 지배한다. 심지어 가치관까지 마음대로 뒤집어 놓는다. 우리의 전인격을 파괴하고도 남음이 있으며 이 세계의 도덕성을 완전히 무너뜨릴 수 있는 막강한 힘을 가진 세력으로 지금 우리 앞에 서 있다.

돈이 갖는 위력에 대해 마르크스는 이런 묘한 말을 했다.

"나는 못생긴 사람이지만 세상에서 가장 아름다운 여인을 돈으로 살 수 있다. 그러므로 나는 못생긴 사람이 아니다."

돈만 있으면 못생긴 사람도 잘생긴 사람으로 둔갑할 수 있다는 이야기다. 그리고 "돈은 최고의 선이다."라고도 말했다. 아마도 이런 사상 때문에 그 머리에서 공산주의가 나온 것이리라. 인간이 동경하는 모든 것을 돈을 통해 가질 수 있다는 발상에서 말이다. 그런 그가 "돈을 갖고 싶은 욕망은 한도 없고 끝도 없다."라고 말하며 재미있는 한마디를 더했다.

"흐르는 돈은 인간 내면의 저수지에서 결코 넘치는 일이 없다."

아무리 끌어모아도 차지 않는다는 말이다. 그만큼 돈에 대한 사람의 탐욕은 대단하다. 이렇게 '돈이 최고다. 돈만 있으면 다 된다.'라는 생각이 유물 사상의 뿌리다. '하나님이 무엇인가? 돈이 하나님이다.'라고 주장하는 것이 유물 사상인 것이다. 이와 같은 사상에 한동안 전 세계 인구의 절반 이상이 놀아났다고 생각하면 돈의 힘을 가히 짐작할 수 있을 것이다.

사람에게 가장 큰 비극은 무엇인가? 돈이 하나님으로 보이는 것이다. 특히 예수 믿는 사람에게 돈이 하나님으로 보이면 영적으로 최악의 상태에 빠지고 만다. 이 점에 대해서는 마르크스만큼 혜안을 가지고 정확하게 꿰뚫어 본 사람도 없을 것이다.

'돈은 하나님이다. 돈은 전능한 하나님처럼 행세한다.'

돈을 사랑하는 사람들 입에서도 한결같이 이런 말들이 나온다. 그러면서 자기도 모르게 이런 소리를 한다.

'돈이면 다 된다. 돈으로도 안 되는 일이 어디 있는가? 돈 가지고 해결 안 되는 문제가 있는가? 돈이면 다 통한다.'

이 말 역시 돈이 전능한 하나님과 같다는 고백이다. 돈은 자기가 거룩한 하나님인 것처럼 행세한다는 바로 그 말이다. 이렇게 자기가 전지전능한 하나님, 거룩한 하나님인 것처럼 사람들 앞에서 사이비 하나님 노릇을 함으로써 하나님이 받으셔야 할 모든 경배와 영광을 중간에서 가로채고 있다. 사람들은 돈 앞에 눈이 어두워 돈이 하나님인 것처럼 경배하고 찬양하는 것이다. 이런 경우가 우리 주변에 얼마나 많은가?

결국 하나님을 섬기든지 돈을 섬기든지 둘 중에 하나다. 하나님을 섬기지 않으면 돈을 섬기는 사람이다. 틀림없다. 중간은 없다. 반반도 없다. 적당히도 없다. 둘 중에 하나만 선택하는 것이다.

우리는 하나님으로부터 재물을 받았다. 그러나 모두를 포기하라고 받은 것이 아니다. 다 포기하고 수도승처럼 살라고 하시지 않는다. 우리는 받은 만큼 돈을 쓸 책임이 있다. 그러나 더 중요한 것은 받은 것을 올바로 사용할 수 있도록 부름 받은 소명자임을 깨닫는 것이다. 이런 의미에서는 재물도 거룩하다. 우리의 영성은 심령만 거룩해서는 안 된다. 내가 가진 돈도 거룩하게 만들어야 한다. 주머니가 회개해야 정말로 회개한 것이다. 입으로만 떠들어 대는 외적인 거룩은 모두를 지치고 식상하게 한다. 내 몸을 하나님 앞에 드렸다면 내가 갖고 있는 보물도 하나님 앞에 드려야 한다. 물질에 매이지 않는 자유로운 삶, 누린 자만이 그 달콤한 참맛을 안다. 주님의 마음을 시원하게 해드리는 청지기 물질생활은 하나님을 깊이 경험하는 첩경이다.

Chapter 36

진리를 아는 지혜를 구하라

지혜가 제일이니 지혜를 얻으라
네가 얻은 모든 것을 가지고 명철을 얻을지니라
_ 잠언 4:7

　　　　　우리나라 불교의 위대한 스님 가운데
효봉 스님이라는 분이 있다. 이 스님은 일제 강점기 때 평양에
서 판사로 근무하던 중 잘못된 판결로 무고한 자를 사형시켰
다. 나중에 진범이 잡히자 양심의 가책을 견디지 못해 법복을
벗고 그길로 엿장수가 되어 전국을 떠돌며 고뇌하다가 결국
금강산에 들어가 머리를 깎고 중이 되었다. 성품이 얼마나 강
직했던지 수학여행을 온 아들을 보고서도 얼굴을 돌렸던 근래
한국을 대표하는 대승이었다.

　그런 그가 입적할 때였다. 평생을 고행과 수련으로 살아온

그에게도 자연히 죽음이 찾아왔다. 수많은 사람들이 과연 저 위대한 스님이 무슨 말을 남기고 갈 것인지 긴장하며 기다린 것은 당연했다. 모두가 긴장 속에 기다리는데 죽음에 임박하여 드디어 그가 한마디를 외쳤다. 그가 남긴 말은 '무'(無)라는 한 글자뿐이었다. 무, 즉 '아무것도 아니다.'라는 말이었다. 평생에 얻은 진리가 '무'라니 얼마나 허무한가?

진리는 영원해야 한다. 목숨을 걸 만큼 불변하는 가치가 있어야 한다. 그래서 "유교는 깊이 들어갈수록 완고하고, 불교는 깊이 들어갈수록 허무하며, 기독교는 깊이 들어갈수록 기쁨이 있다."라는 말이 있다. 우리가 추구해야 할 최고의 목표는 무엇인가? 더 나은 본향! 바로 영원한 행복이 있는 곳이다.

"하늘에 계신 너희 아버지의 온전하심과 같이 너희도 온전하라(마태복음 5:48)."

"네게 이르노니 일곱 번뿐 아니라 일곱 번을 일흔 번까지라도 할지니라(마태복음 18:22)."

"무엇이든지 남에게 대접을 받고자 하는 대로 너희도 남을 대접하라(마태복음 7:12)."

세상에 누가 하나님같이 온전한 삶을 살 수 있단 말인가?

누가 이러한 황금률을 지키며 산단 말인가? 우리는 어떻게 이런 불가능한 이상에 응답하며 살아야 하는가? 토마스 아퀴나스는 예수의 이런 가르침을 계율과 권고 중 권고에 해당한다고 했다. 마틴 루터는 "가이사의 것은 가이사에게, 하나님의 것은 하나님께 바치라."라는 말씀을 통해 산상 수훈에서 요구하는 극단적인 계명들은 그리스도의 나라에서 절대적으로 적용되는 것이지, 세상에 적용되는 것이 아니라고 말한다. 19세기에 들어서 세대주의는 예수의 그런 단호한 가르침에 대해 율법 시대의 흔적이라고 했으며, 부활을 통한 영광의 시대의 것이 아니라고 했다. 슈바이처는 그것을 임시 계명이라고 보았다. 나는 아무리 노력해도 산상 수훈을 온전히 이해할 수 있는 손쉬운 방법을 찾을 수가 없었다.

그러다 19세기 러시아 소설가들의 글에서 그 단서를 찾았는데, 반은 톨스토이에 의한 것이었고 나머지 반은 도스토예프스키에서 가져온 것이다. 톨스토이는 완벽주의를 실현하고자 그렇게도 애쓰고 노력했지만 마음의 평화와 평정은 얻지 못했다. 죽음에 임박해서 쓴 그의 일기와 편지는 자신의 실패에 대한 비관적인 내용으로 가득 차 있다. 그는 참으로 불행한 사람이었다. 당시 부패한 러시아 정교회에 대해 신랄한 비판을 퍼붓다가 교회로부터 파문당했으며, 스스로 완벽한 사람이 되고자 한 노력은 모두 수포로 돌아갔다. 결국 그는 명예도 잃고, 가족도, 재산도, 자신의 정체성도 모두 잃어버린 채 방랑 생활을 하다가 어느 시골 철길에서 죽고 말았다. 그러나 나는 그에게 경의와 감사를 느낀다. 가혹할 정도로 신앙의 신념을 지키고자 했던 그의 열정이 내게 지워지지 않는 인상을 남긴 것이다. 톨스토이는 가장 어려운 일을 해낸 작가였다. 그는 신앙의 '선'을 믿을 수 있고 마땅히 따라야 할 가치로 만든 사람이었다.

반면 도스토예프스키는 술과 도박으로 건강과 재산을 모두 탕진한 사람이었다. 도스토예프스키는 많은 죄를 저지른 사람이었지만 한 가지 올바른 일을 해냈다. 그의 소설에는 톨스토이가 보여 준 신앙의 의지력과 함께 용서와 신의 은총이 나타나 있다. 그는 유배 생활 초기에 감옥에서 함께 지내는 사람들이 얼마나 추악한지 목격하면서 인간의 본성은 원래 선하다는 자신의 가치관이 산산이 무너져 내림을 느꼈다. 그러나 그는 가장 비천한 죄수에게도 하나님의 형상이 깃들어 있음을 발견했다. 그는 인간은 사랑을 받게 되면 다른 사람을 사랑할 수 있는 존재라고 믿게 되었다. 그것은 사도 요한의 "우리가 사랑함은 그가 먼저 우리를 사랑하셨음이라(요한일서 4:19)."라는 말과 통하는 것이었다.

이 두 명의 러시아 작가를 통해 나는 신앙인의 삶 한가운데에는 오히려 역설이 놓여 있음을 알게 되었다. 톨스토이를 통해 내면을 들여다보게 되었고 하나님의 나라가 그 안에 존재하고 있음을 깨달았다. 고귀한 복음의 이상을 따르기에는 내가 얼마나 부족하며 비참한 존재인지도 알게 되었다. 그러나 도스토예프스키를 통해 나는 주의 인자하심을 깨달았다. 하나님의 나라가 내 안에 있는 것만이 전부가 아니다. 그 안에는 예수가 우리와 함께 있는 것이다. 바울은 다음과 같이 말하고 있다.

"죄가 더한 곳에 은혜가 더욱 넘쳤나니(로마서 5:20)"

복음의 고귀한 이상과 그것을 온전히 따르지 못하는 우리의 현실 사이의 괴리에서 비롯된 긴장을 늦추는 길이 있다. 그것은 우리가 부족한 존재임을 인정하는 것이다. 그렇다고 해서 복음의 이상을 지킬 필요가 없다는 것은 아니다. 영적 성숙의 증거는 '순결함'의 정도가 아니라 자신의 '불순함'을 인식하는 데 있는 것이다. 바로 그 인식이 은혜의 문을 연다.

율법주의는 본질상 위선을 부추긴다. 내면의 진상을 은폐할 수 있는 행동 목록이 정해져 있기 때문이다. 그리고 이러한 위선은 은혜를 받아야 할 필요성을 느끼지 못하게 한다. 은혜의 입구는 올바른 행동이나 거룩함이 아니요, 오직 회개뿐이다. 죄의 반대는 선이 아니라 은혜다.

율법주의자들은 자기가 하나님의 사랑을 받을 자격이 있음을 보여 주려다 복음의 핵심, 즉 하나님의 사랑은 자격 없는 자에게 주시는 선물이라는 사실을 놓치고 만다. 죄의 해답은 더없이 엄격한 행동 규정을 강요하는 것이 아니다. 죄의 해결책은 하나님을 아는 것이다.

Chapter 37

인생의 항해에 믿음의 돛을 달아라

사람이 마음으로 자기의 길을 계획할지라도
그의 걸음을 인도하시는 이는 여호와시니라
_ 잠언 16:9

영화 〈불의 전차〉는 1924년 파리 올림픽 금메달리스트인 영국 출신의 육상 선수 에릭과 해럴드의 집념을 다룬 스포츠 영화다. 이 영화는 근대 파리 올림픽의 실화를 바탕으로 제작되었다. 여기 나오는 에릭 리델은 스코틀랜드 최우수 선수로 영국의 올림픽 대표 선수를 선발하는 과정에서 인상 깊은 장면을 보여 준다.

에릭은 440야드(약 400미터)를 뛰어야 하는 경주에서 동료 선수와 충돌, 트랙 중앙의 잔디밭 위에 쓰러진다. 육상 경기는 그야말로 간발의 차이로 순위가 결정되기 때문에 다시 뛴다

해도 적어도 20미터 이상 뒤처져 있었기에 승부는 이미 결정난 것과 마찬가지였다. 순간 에릭은 갈등에 휩싸인다. 다시 뛸 것인가 아니면 여기서 포기할 것인가. 이내 그는 넘어진 다리를 일으켜 세워 뛰기 시작했고 놀랍게도 결승점에 선두로 골인했다.

세상에서 가장 힘든 일이 무엇일까? 그것은 한 번도 해보지 못한 일을 시도하는 일일 것이다. 이를 위해서는 창조적인 상상력과 리더십, 그리고 인내와 믿음의 부지런한 발이 필요하다. 세상의 역사와 문화는 이러한 사람들, 즉 비전을 가진 사람들에 의해서 정복당해 왔고 장애물은 극복되었다. 사람들은 새롭게 시작해야 한다고 외치지만 불행하게도 다시 시작해야 할 일들만 가득 차 있기 때문에 발걸음이 떨어지지 않는다. 포기한 일을 다시 시작하고 더 놀랍게 이룰 수 있는 사람은 매우 드물다. 나탈리 뒤 투아(25, 남아공)는 외발의 여자 수영 마라톤 선수다. 지난 2008년 베이징 올림픽 수영 마라톤 대회에서 10킬로미터의 긴 코스를 2시간 49초에 달리고 물 밖으로 나와 쇠로 만든 의족에 의지해서 걸음을 옮겼다. 전체 25명의 출전 선수 가운데 16위에 머물렀지만 수건으로 몸을 감싸고 절뚝거리며 걸어가는 뒤 투아를 향해 관중들은 우레와 같은 박수를 보냈다.

뒤 투아는 여섯 살 때 수영을 시작했다. 2000년 시드니 올림픽 선발전에서 아쉽게 탈락한 뒤 꼭 다음 올림픽 무대에 서겠다는 각오를 다졌으나, 열일곱 살이 되던 2001년 교통사고를 당해 왼쪽 무릎 아래를 잘라 내야 했다. 그녀는 자신의 꿈도 함께 잘려 나가는 듯했다.

"그때 나는 모든 걸 포기했다. 수영은 물론이고 공부도 포기했다."

그러나 다리를 절단하고 나서도 수영에 대한 열정은 버릴 수가 없어 다시 시작했고, 2002년 영국 맨체스터에서 열린 영연방 대회에 출전해서 비장애인과 처음 겨루게 되었다. 여자 자유형 800미터에서 여덟 명이 승부를 가르는 결승에 진출했고, 당시 6관왕에 오른 이안 소프(27, 호주)를 제치고 최우수 선수(MVP)가 되었다. 2004 아테네 패럴림픽(장애인 올림픽)에서는 수영 종목에서 금메달 다섯 개와 은메달 한 개를 땄지만 거기서 멈추지 않고 열여섯에 꿈꿨던 '올림픽 출전'의 꿈을 이루기 위해 상체 근육을 더욱 단련시켜 수영 마라톤에 도전한 것이었다.

2008년 5월 드디어 베이징 올림픽 출전권을 따내던 날 그녀는 이렇게 고백했다.

"올림픽 티켓을 따내고 펑펑 울었다. 오늘 이렇게 경기를 마친 것이 내게는 꿈이 이루어진 것만 같다."

그녀는 16위에 머문 것이 못내 아쉽다며 2012년 런던 올림픽에서는 5위 안에 들도록 도전하겠다고 밝혔다. 베이징 올림픽 개막식 때 남아공 국기를 들고 기수로 입장한 그녀는 "챔피언이 될 필요도 없었고 메달도 필요 없었다. 사고로 다리를 잘라 내고 병원에 있을 때 오늘의 내가 있을지 누가 알았겠는가? 내 꿈을 이루었다는 것이 중요하다."라며 활짝 웃었다. 뒤 투아는 '최선을 다해 별(꿈)을 향해 나아가고, 무슨 일이 있어도 포기하지 말라.'라는 글로 사인하면서 별을 하나 그려 넣었다.

우리 인생의 승리를 위해 필요한 것은 하나님이 주신 꿈을 향해 나아가는 믿음의 발과 다리다. 끊임없이 믿음을 가지고 도전하며 응전하는 자에게 꿈은 주인 됨을 허락한다. 또한 믿음은 근육과 같다. 얼마나 사용하느냐에 따라 믿음의 근력이 강해진다. 따라서 우리는 날마다 성경 말씀과 기도로 우리의 영적 발과 다리를 튼튼하게 할 필요가 있다. 기독교는 무턱대고 믿는 종교가 아니다. 그리스도인의 인생에는 하나님의 말씀이 이미 해답지로 주어져 있다. 그러므로 믿음이란 말씀을 인생의 정답으로 인정하느냐의 문제다. 하나님이 말씀하신 것을 인정하고 내 뜻을 그분의 뜻에 맞추는 것, 그것이 바로 믿음이다. 하나님은 우리의 꿈을 믿음의 근육을 사용하여 이루게 하신다. 믿음의 조상 아브라함에게 하나님은 약속의 말씀을 먼저 주셨고, 믿음의 근육을 활용할 때까지 기다렸다가 소원을 이루어 주셨다.

"너는 눈을 들어 너 있는 곳에서 북쪽과 남쪽 그리고 동쪽과 서쪽을 바라보라 보이는 땅을 내가 너와 네 자손에게 주리니 영원히 이르리라 …… 너는 일어나 그 땅을 종과 횡으로 두루 다녀 보라 내가 그것을 네게 주리라(창세기 13:14~17)."

아브라함에게 아들을 얻는 것은 꿈 같은 소원이었다. 아들을 넘어 대를 이을 후사를 얻는 것은 그의 평생소원이었다. 그런 아브라함에게 하나님이 주신 이 말씀은 문제를 풀기도 전에 주어진 해답지와도 같은 것이었다. 그러므로 하나님은 아브라함에게 약속을 신뢰하는 믿음 하나만 요구하셨던 것이다.

"아브라함이 하나님을 믿으매 그것이 그에게 의로 여겨진 바 되었느니라(로마서 4:3)."

그러나 하나님이 그의 믿음을 인정하시기까지는 오랜 시간이 걸렸다. 반대로 아브라함이 믿음의 조상이라는 칭호를 얻을 수 있었던 것은 포기하지 않고 믿음의 근육을 기르는 훈련을 계속했기 때문이다.

믿음은 꿈의 보물 창고를 여는 열쇠와도 같다. 하나님 없이 세워진 세상의 모든 것은 사상누각에 불과하다는 것을 기억해야 한다. 마지막 때에 불같은 시험을 통과하고 남는 공력이 믿음이라고 했다. 그리스도인이 세상을 이기는 방법은 오직 믿음뿐이다. 그러므로 꿈을 향한 믿음의 도전이 있다면 그 인생은 결코 헛되지 않을 것이다.

Chapter 38

기다림의 미덕을 배우라

오래 참으면 관원도 설득할 수 있나니
부드러운 혀는 뼈를 꺾느니라
_ 잠언 25:15

　　　얼마 전 대구에 있는 한 교회의 장로님
부인이 잘 아는 분과 함께 나를 찾아왔다. 남편이 교회 장로가
되었지만 마음껏 물질로도 몸으로도 헌신할 수가 없어서 괴로
운 마음에 방송 설교를 매 주일 듣다가 문득 상담을 받고 싶어
서 오게 되었다고 했다. 자신은 매일 새벽 기도를 빠진 일이
없고, 몸으로 전도하며 교회의 굳은 일도 맡아서 한다고 했다.
성공하여 목사님을 가장 잘 받드는 최고의 모범 장로가 되고
싶다고도 했다.

　　나는 어떻게 대답해 주어야 할지 난감했다. 딱히 할 말이 없

어 곰곰이 생각하고 있는데 그분들은 내가 하나님께 대단한 영감이라도 받는 줄 알고는 숨을 죽이고 연신 '주여, 주여! 아멘, 아멘!' 하는 것이었다.

대구에서 무거운 음료수 한 상자를 들고 이 먼 구미까지 오신 것을 생각하면 뭔가 확실한 위로의 말씀을 전해야겠는데 도무지 생각이 나지 않았다. 그때 그 집사님의 손가락에 끼워진 큼직한 진주 반지를 보게 되었다. 나는 "집사님! 지금 끼고 있는 반지가 진주 맞죠?" 하고 물었다. 그러자 얼굴이 파랗게 질리면서 깜짝 놀라는 것이었다. 아마 내가 그 반지를 달라고 할 줄 알았던 모양이다. 기어드는 목소리로 "네……." 하는데 그 목소리가 어찌나 떨리던지, 거기다 대고 내가 "그 반지 빼보이소!" 했더니 이제는 아예 얼굴에 핏기가 사라졌다.

그래도 목사가 달라고 하니 빼서 주길래 반지를 요리조리 뜯어보며 "이 진주, 자연산인가요? 꽤 비싸겠네요." 하고는 눈치를 살피니, 잔뜩 인상을 쓰고 있는 것이 내가 달라고 할까 봐 불안한 모양이었다. 나는 모른 척하고 이렇게 말했다.

"이 진주가 만들어지기까지는 10년, 20년, 아니 한 30년은 족히 걸린 것 같습니다. 이렇게 값진 진주는 하루아침에 만들어지는 것이 아닙니다. 오랜 시간과 고통, 그리고 괴로움을 참은 결과 아름다운 진주가 탄생한 것입니다. 이제 다 되어 갑니다. 조금만 참으십시오. 조금만 인내하십시오. 이 진주를 보면서 희망을 가지십시오. 기도합시다."

그렇게 그분을 위해 간절히 기도를 올렸다.

성공은 곧 인내의 결과로 얻어지는 것이다. 참지 못한 자에게 성공의 열매는 주어지지 않는다.

인내(endurance)는 믿음으로 견디며 기다리는 것이다. 성도들의 삶은 명궁수의 손에 있는 활과 화살처럼 하나님의 손에 있다. 하나님은 성도들이 볼 수 없는 목표를 향해 조준하신다. 그리고 활시위를 당기신다. 이때 성도들은 이렇게 말한다.

"더 이상 못 견디겠어요."

그러나 하나님은 그다지 신경 쓰지 않고 과녁이 눈에 들어올 때까지 당기신다. 그리고 화살을 쏘신다. 당신은 지금 인내해야 하는 상황에 있는가? 그렇다면 주님의 손에 자신을 맡기라. 믿음의 인내로 예수 그리스도와의 관계를 유지하라. 그리고 욥처럼 말하라.

"주께서 나를 죽이신다고 해도 나는 여전히 주를 기다리이다."

믿음은 연약한 동정심이 아니다. 오히려 하나님은 거룩한 사랑이시라는 사실 위에 세워진 힘차고 담대한 확신이다. 비록 지금 그분을 볼 수 없고 또한 무엇을 하시는지 이해할 수 없다 해도 우리는 주님을 알고 있다. 믿음의 파선은 하나님은 거룩한 사랑이시라는 영원한 진리를 붙들지 못할 때 찾아온다. 믿음이란 삶에 있어 최상의 노력으로서 하나님만 신뢰하는 가운데 자기 자신을 과감히 던지는 것이다.

하나님은 우리를 구원하시기 위해 예수 그리스도 안에서 자신의 모든 것을 걸었다. 이제 하나님은 우리가 그분만을 믿는 믿음 안에서 우리의 인생을 주님께 걸기를 원하신다. 우리의 삶 가운데는 하나님의 생명에 의해 접촉되지 않은 영역, 즉 믿음이 역사하지 않은 부분들이 여전히 남아 있다. 예수 그리스도의 삶에는 이러한 부분이 없었다. 우리 안에도 그런 부분이 있어서는 안 된다.

"영생은 곧 유일하신 참하나님과 그가 보내신 자 예수 그리스도를 아는 것이니이다."

영생의 진정한 의미는 어떤 일을 당해도 조금의 요동함도 없이 견딜 수 있는 생명을 말한다. 만일 우리가 이러한 관점을 취한다면 우리의 인생은 위대한 이야기가 될 것이며 언제나 놀라운 일을 볼 수 있는 영광스러운 기회가 될 것이다. 하나님은 주의 권능의 중심부로 우리를 이끌기 위해 우리 각자를 훈련시키신다.

『인듀어런스』라는 책이 있다. 이 책은 퍼블리셔 위클리에
의해 1999년 최고의 책으로 선정되기도 했다. 부제도 흥미롭
다. '어니스트 섀클턴의 위대한 실패.' 인듀어런스는 1914년
남극 대륙 횡단을 위해 영국에서 출발한 배의 이름이며, 섀클
턴은 그 배의 선장 이름이다. 탑승한 대원은 모두 27명. 남극
대륙 횡단이라는 벅찬 꿈을 안고 힘차게 출발했던 인듀어런스
호. 그러나 남극 대륙에 도착하기도 전에 남극해를 떠도는 얼
음에 갇혀 난파하고 만다.

이때부터 생존을 위한 그들의 몸부림이 장장 2년여에 걸쳐
펼쳐진다. 선장이었던 섀클턴의 임무는 남극 대륙 횡단에서
27명의 대원 모두를 구해야 하는 것으로 바뀐다. 그러나 부빙
(浮氷)에 갇힌 남극해에서 그들 모두가 살아 돌아간다는 것은
현실적으로 불가능한 일이었다. 상황마저 최악이었다. 구조를
기다리기는커녕 구조를 요청하는 것 자체가 불가능한데다가
살인적인 추위와 그로 인한 선원들의 부상, 그리고 식량의 부
족은 상황을 더욱더 절망적인 상태로 몰아갔다.

그러나 섀클턴은 어떠한 환경에서도 포기하지 않고 대원들
을 이끌어 당시에는 무인도였던 엘리펀트 섬에 도착한다. 그
곳에서 다섯 명을 데리고 구조 요청을 하기 위해 떠난다. 그리
고 조난당한 지 634일 만에 모든 대원을 구출하는 데 성공한

다. 구출 당시 한 대원은 이렇게 말했다.

"최악의 구렁텅이에 빠지더라도 섀클턴 선장이 리더라면 두렵지 않다."

1999년 영국 BBC는 지난 천 년 동안의 최고의 탐험가 10인을 선정하면서 크리스토퍼 콜럼버스, 제임스 쿡, 닐 암스트롱, 마르코 폴로에 이어 섀클턴의 이름을 다섯 번째에 올렸다. 그는 비록 남극 대륙 횡단이라는 도전에는 실패했지만 그 실패를 통해 탐험 역사에 길이 남을 리더의 모습을 보여 주었기 때문이다. 섀클턴은 훗날 이렇게 고백했다.

"길고도 험했던 여정의 마지막 단계인 얼음산을 넘을 때 우리 일행은 분명 세 명이었는데 나는 네 명처럼 느껴졌다. 이상하게 생각되어 동료들에게 물어보니 그들도 그렇게 느꼈다는 것이다. 그 힘들고 어려웠던 여행 내내 하나님이 우리와 동행하셨음을 나는 믿는다."

리더가 가져야 할 덕목 중의 하나가 바로 인내(endurance)다. 인내는 어떠한 어려움이 닥쳐도 그 어려움을 이겨 낼 수 있는 근본적인 힘이다. 따라서 인내가 없는 리더는 리더로서의 자격을 상실한 것이다. 인내심이 없이 무슨 일을 할 때마다 조급하게 결정하고 행동하면 성공에 도달할 수 없다. 위대한 믿음의 선조들이 갖추었던 것 중의 하나가 바로 이 인내였음을 잊지 말아야 한다. 아브라함이 하나님으로부터 약속을 받고 그 약속을 받아 누릴 수 있었던 것은 히브리서 6장 13~15절의 "하나님이 아브라함에게 약속하실 때에 가리켜 맹세할 자가 자기보다 더 큰 이가 없으므로 자기를 가리켜 맹세하여 이르시되 내가 반드시 너에게 복 주고 복 주며 너를 번성하게 하고 번성하게 하리라 하셨더니 그가 이같이 오래 참아 약속을 받았느니라."라는 말씀에서 알 수 있듯이 오랫동안 참고 기다렸기 때문이다.

지금 우리는 모든 것이 빠르게 변화하는 시대를 살아가고 있다. 이러한 시대의 특징은 오직 결과와 실적만을 중요시한다는 것이다. 그래서 많은 사람들이 인내하지 못하고 단시간 내에 무엇인가를 이루기 위해 조급하게 결정하고 행동한다. 그러나 리더는 인내할 줄 아는 능력을 가지고 있어야 한다. 인내는 어려운 시기에 자신도 살고 다른 사람도 살릴 수 있는 원동력이 되기 때문이다.

세상은 참지 말라고 한다. 참는 것은 손해라고 속삭인다. 그러나 참는 자, 인내하는 자가 복이 있다고 성경은 말씀하고 있다(야고보서 1:12). 큰 리더는 쉽게 움직이지 않는다. 크게 보는 리더는 인내 후에 행동한다. 인내할 것인가? 조급하게 서두를 것인가? 리더는 항상 이 둘 중에 하나를 선택해야 한다.

향유고래의 몸에서 나오는 향을 일컬어 '용연향'이라고 한다. 용연향은 향기가 좋아 고급 화장품의 재료로 쓰인다. 그래서 어부들이 고래를 잡아 항구로 돌아오면 칼로 고래의 배를 가른 뒤 용연향을 가장 먼저 찾는다. 용연향은 바다에서 얻은 보석과도 같은 것이다.

소설가 허먼 멜빌은 그의 작품 『백경』에서 용연향이 고래의 소화 불량 때문에 생긴다고 말한다. 즉, 고래의 소화 기관에 이상이 생길 때 창자에서 생겨나는 향이라는 것이다. 고래가 고통을 인내한 결과다. 고래는 소화 불량을 견뎌 내는 동안 자신도 모르는 사이에 귀한 향을 만들어 내는 것이다. 지금 어려움과 고통을 겪고 있는가? 우리가 기억해야 할 것은 고통을 인내하는 동안 자신도 모르는 사이에 좋은 향이 만들어지고 있다는 사실이다. 그리고 그 향은 많은 사람들에게 유익을 끼칠 것이다.

Chapter 39
말에 은혜의 양념을 더하라

세상에 금도 있고 진주도 많거니와
지혜로운 입술이 더욱 귀한 보배니라
_ 잠언 20:15

　　　　　어느 교회에 권사님 한 분이 등록을 했다. 그분이 교회에 등록한 직후 전에 다니던 교회의 관계자가 목사님에게 전화를 걸어 "목사님! 그 사람, 화나면 목사님 목에 비수를 댈 사람입니다. 항상 조심하세요."라며 언질을 줬다. 이 전화를 받고 목사님은 섬뜩했다. 그 후 그 권사님이 명절에 선물을 가져오거나 교회를 위해 무슨 일을 하면 항상 속으로는 "조심해야지. 저렇게 잘하다가 화가 나면 내 목에 칼을 들이대겠지."라는 경계심을 버리지 못했다. 그러나 그 권사님은 그 교회에 5년을 다니며 그렇게 헌신할 수가 없었다.

그리고는 대전으로 이사를 가게 되었다. 그분은 이사한 뒤에도 그 교회에서의 신앙생활을 잊지 못하며 고추장과 된장을 대고 있다.

목사님은 그분이 떠나고 5년이 지나서야 비로소 선입견을 버릴 수 있었다고 한다. 말 한마디가 10년 동안 인간관계를 방해한 것이다. 그러므로 우리는 교회 안에서 '말 잘'하지 말고 '잘 말'하는 사람이 되어야 한다.

사람들은 남의 일을 이러쿵저러쿵 쉽게 비판한다. A를 선인이라 하고, B를 악인이라 하며, C를 어리석은 사람, D를 현명한 사람이라 한다.

그러나 이는 옳지 않다. 인간은 강물과 같이 항상 유동하며, 매일 같은 존재가 아니다. 어리석었던 사람이 현명해지고, 사악했던 사람이 선량해지고, 또한 그 반대로 선했던 사람이 악해질 수도 있다. 그래서 인간을 함부로 판단할 수 없는 것이다. 당신이 판단을 내렸을 때 그 대상은 벌써 다른 사람으로 변해 버리기 때문이다.

다른 사람의 단점과 못마땅한 점에 몰두하다 보면 삶의 빛과 즐거움을 잃어버릴 수 있다. 타인의 굳게 닫힌 창문에 집착해서 그 사람에 대한 나쁜 말을 하게 되기도 한다. 악한 말은 분열을 일으킨다. 그러므로 성경은 그리스도인들에게 서로 악한 말을 하지 말라고 명령하는 것이다.

칭찬이 없는 인생은 타인뿐 아니라 자신의 장점조차 모르는 삶이 될 확률이 크다. 칭찬은 건강한 자존감을 세워 준다. 칭찬은 장점을 알고 집중하게 하는 능력이 있다. 칭찬은 분위기를 밝게 만든다. 따라서 주위 사람들을 계속 격려하고 칭찬하면 자신을 둘러싼 모든 환경이 밝아진다. 그래서 칭찬을 할 줄 아는 인격은 항상 밝고 즐겁다. 밝고 즐거우면 사람들이 모이는 인생이 된다. 사람이 모여야 어떤 일이든 이루어지기 때문에 그것을 통해 많은 열매를 맺게 된다.

다시 말해서 성도는 빛의 자녀들이라고 할 수 있다. 그러므로 칭찬과 격려를 통해 어두운 분위기를 밝은 분위기로 변화시키기에 힘써야 할 것이다.

『칭찬은 고래도 춤추게 한다』라는 책이 있다. 많이들 알고 있듯이 켄 블랜차드의 베스트셀러다. 그의 저술 동기는 이렇다. 어느 날 그는 플로리다의 씨월드에서 고래 쇼를 보았다. 전혀 춤을 출 것 같지 않던 고래가 춤을 추고 있었다. 고래의 신체적인 구조는 전혀 춤을 출 만하지 않다고 한다. 머리는 둥그렇고, 앞 지느러미는 짧고, 꼬리는 중심 잡기도 힘들다. 그런데 그런 고래가 춤을 추는 것이다. 어떻게 고래가 춤을 추는 지 조련사에게 물었다. 조련사는 칭찬이 고래를 춤추게 한다고 말했다. 원하는 행동을 하면 충분히 칭찬해 주고 고등어 한 마리를 주는데, 그것을 반복하면 고래도 춤을 춘다는 것이었다. 춤과는 거리가 먼 몸매의 고래도 춤을 출 수 있다면 인간을 춤추게 만드는 것은 훨씬 쉽지 않겠는가? 사람을 춤추게 만드는 것은 고래에게 쏟는 10%의 힘만으로도 가능하다. 칭찬을 통해 주변을 모두 춤추는 사람으로 바꿀 수 있다. 칭찬은 변화시키는 위력이 있다.

이와 같이 그리스도인은 말에 은혜의 양념을 쳐서 맛을 내야 한다. 우리에게 하나님의 은혜는 칭찬, 즉 소망이다. 우리의 말은 소망으로 간을 해야 한다. 다른 사람들이 우리의 말에서 소망을 느낄 수 있어야 한다.

그런데 실제로는 그렇지 못하다. 대화에 은혜의 양념이 배어들지 않아 듣는 사람이 정죄 받고 있다고 느끼게 한다. 어쩌면 당신은 이렇게 말할지도 모른다.

"나는 원래 말재주가 없어. 그건 말을 잘하는 사람들한테나 해당되는 얘기야."

물론 영적 은사는 각자 다르고, 어떤 사람들은 더 자연스럽게 그런 말이 흘러나올 수도 있을 것이다. 그러나 문제는 당신이 말을 은혜 가운데서 소금으로 고르게 하는 데 얼마나 우선순위를 두고 있느냐 하는 것이다. 그것을 매일의 우선순위로 두지 않으면 은혜로운 말을 하는 데 진전이 없을 것이다. 또한 성경에서 도움을 얻고, 그 주제에 대한 유익한 글들을 읽기도 하면서 그것을 우선순위로 삼아야 한다.

Chapter 40

순종을 습관화하라

삼가 말씀에 주의하는 자는 좋은 것을 얻나니
여호와를 의지하는 자는 복이 있느니라
_ 잠언 16:20

사람이 살아가는 데는 거쳐야 할 많은 시험과 절차들이 있기 마련이다. 그런데 그중에서도 가장 합격하기 힘든 것이 비행기 조종사가 되는 시험이라고 한다. 만일 조종사 시험의 합격 점수가 70점이나 80점밖에 안 된다면 그 비행기를 타는 사람의 마음이 얼마나 불안하겠는가? 당연히 100점을 맞은 조종사가 모는 비행기에 타야 승객의 마음이 편안하지 않겠는가?

그렇다면 하나님이 우리에게 정하신 합격 점수는 과연 몇 점일까? 하나님이 우리에게 요구하신 순종에 관한 한 철저하게 100%여야 할 것이다.

하나님이 우리에게 바라는 신앙은 시험을 받을 때 감사하는 것이다. 그러나 많은 사람들이 그 시험을 이기지 못하고 고통스러워하며 원망한다. 그런데 종교 개혁의 기수인 마틴 루터는 고통을 가리켜 크리스천의 마크(mark)라고 했다. 1945년 하인리히 힘멜에게 순교를 당한 본회퍼 또한 고난은 참된 제자의 배지(badge)라고 했다. 예수를 따르는 생활은 자기를 부인하고 십자가를 지고 가는 삶이다.

인간의 삶의 방법에는 지름길이 없다. 인생이 마지막에 도달했을 때 어차피 누구나 미완성의 삶이었음을 발견하게 될 것이다. 결국 우리는 이 땅에 사는 동안 하나님의 말씀에 순종할 때 하나님이 그것을 의로 여기신다는 것을 기억해야 한다. 99.9% 정도면 사람에게는 충분히 순종으로 보이겠지만 하나님이 보시기에는 결코 순종이 아니다.

내가 목회를 하면서 발견한 이상한 현상이 하나 있는데, 성경 공부를 많이 한다고 다 변화하는 것도 아니고 교회에 오래 다녔다고 해서 달라지는 것도 아니라는 점이다. 도리어 성경 공부를 많이 했다는 것이, 신학교를 다녔다는 것이 자랑이 되면서 교만에 빠져 목회에 깊은 가시가 되는 경우가 많았다. 주님을 믿는다고 하면서, 주님의 승리의 신호를 기다리고 있으면서 이상하게도 주님이 가시는 길로 따라가지는 않는다. 주님이 가라고 지시한 길로 가기를 거부한다.

진정 변화를 원한다면 말씀을 듣거나 성경 공부를 했다고 해서 자랑하지 말고, 배운 말씀을 먼저 삶에 적용해야 한다. 그리스도인은 말씀을 삶에 적용하지 않으면 그걸로 끝나는 것이 아니라 도리어 해가 된다는 사실을 알아야 한다. 왜냐하면 그런 사람은 점점 교만해져서 도무지 다른 사람의 충고를 들으려 하지 않기 때문이다. 그런 사람은 하나님도 떠나신다. 결국 하나님 앞에서 실패한 인생으로 살 수밖에 없다. 주님이 가시는 곳이라면 이유를 달지 말아야 한다. 순종은 아무런 조건 없이 그분의 뜻을 신뢰하는 것에서 시작한다. 인생의 승리가 무엇인가? 하나님이 우리를 붙들고 하나님의 뜻을 이루시는 것이다.

이스라엘의 초대 왕인 사울의 삶은 한 인간이 불순종이라는 유희에 빠질 때 일어나는 일을 생생히 보여 준다. 하나님의 선지자 사무엘은 아말렉과의 전쟁에서 모든 것을 진멸시키라는 하나님의 명령을 사울에게 전한다. 그러나 사울은 모든 것을 진멸시키되 왕은 살려 두었고 가장 좋은 소와 양을 전리품으로 가져와서 백성에게 나눠 주며 하나님께 제사를 드리게 했다. 아마도 당시 문화에 따르면 한 나라를 정복하여 그 지도

자를 생포하고 살아 있는 전리품을 왕궁으로 가져오는 것은 마땅한 일이었을 것이다. 그러나 하나님은 탄식하셨다.

"내가 사울을 왕으로 세운 것을 후회하노니 그가 돌이켜서 나를 따르지 아니하며 내 명령을 행하지 아니하였음이니라(사무엘상 15:11)."

사울은 명령의 99.9%는 따랐으니 순종했다고 보겠지만 하나님은 불순종으로 보시며 그것을 '거역'이라고 표현하신다.

자기 행동을 정당화하여 참된 회개에서 등을 돌리면 우리에게 어떤 일이 일어날까? 첫째, 그렇게 불순종하는 행동을 반복하기가 쉬워진다. 둘째, 미혹의 휘장이 마음을 덮어 죄를 깨닫는 감각이 둔해지며 결국 그 감각 대신 논리적인 판단이 자리 잡게 된다. 그리고 그다음에 죄를 지을 때는 비수가 이전만큼 예리하게 느껴지지 않는다. 중간에 휘장이 있기 때문이다. 그러다가 끝내는 휘장이 두꺼울 대로 두꺼워져서 전혀 가책을 느끼지 못한다. 자기 정당화만 있을 뿐이다. 미혹이 진리를 숨기며 양심이 마비된다.

가나안농군학교를 설립한 김용기 장로는 아버지의 유언을

따라 평생 농부로 살았으며, 황무지를 개간하는 일을 자신의 사명으로 알았다. 그는 스물일곱 살에 장로 장립을 받았는데, 당시는 일제 치하였다. 이미 총회에서 신사 참배 결의를 한 터라 모든 예식에 앞서 반드시 동방요배(동쪽 일본 천황을 향해 절을 하는 것)를 하게 되어 있었다. 그러나 김 장로는 이를 거절했다. 장로 장립을 못 받으면 못 받았지 동방요배는 할 수 없다고 선언했다. 결국 동방요배를 하지 않은 채 장로 장립식을 마쳤다. 그러나 이로 인해 모진 고문을 받아야 했다. 나중에는 신사 참배를 거절했다 하여 수많은 고초를 겪었다.

그럼에도 불구하고 하나님은 그에게 능력을 베풀어 주셔서 넉넉히 모든 고난을 이길 수 있게 하셨다. 사도 바울은 너희 몸을 하나님이 기뻐하시는 거룩한 산 제물로 드리라고 했다(로마서 12:1). 우리 몸을 산 제물로 드린다는 것은 100% 순종을 말한다. 오늘날 그리스도인들의 잘못이 무엇인가? 적당히 순종하고는 온전히 순종했다고 착각하는 것이다. 90%만 순종하고는 순종했다고 착각한다. 95% 순종하고는 자기만큼 순종을 잘하는 사람도 없을 것이라며 자부심을 갖기도 한다. 순종은 상황과 여건의 변화에도 불구하고 말씀 그대로 100% 따라가는 것을 말한다. 하나님은 지금도 100% 온전히 순종하는 사람을 찾으신다.

99%의 순종은 1%의 불순종으로 인해 '불순종의 죄'를 범하는 것이 된다. 순종할 때는 기쁨으로 즉시 온전하고 완전하게 하라 하셨다. 전능하고 무소부재하신 하나님 아버지는 모든 것을 알고 계신다. 우리의 마음과 생각까지도 알고 계신다. 요나는 니느웨로 가느니 죽기를 선택했으나 하나님 아버지가 허락하지 않으시면 자기 목숨도 마음대로 하지 못하며 죽을 수도 없다.

하나님 아버지는 한번 정하신 뜻을 절대 바꾸시지 않는다. 명령에 무조건 순종해야 한다. 불순종은 죽음을 부르는 죄악인 것이다. 순종이 제사보다 낫다 하셨다. 정성껏 예배를 드리는 일보다 순종하는 것을 아버지는 더 기뻐하신다.

걱정하는 새를 본 적이 있는가? 예수님은 우리에게 돈 문제에 맞서는 법에 대해서도 가르쳐 주시고자 새를 예로 드셨던 분이다. 예수님은 우리 모두가 믿음으로 살기를 바라신다. 하나님께서 당신이 무엇을 하길 원하시는지를 아는 것이 성경이 뜻하는 믿음의 첫 단계다. 두 번째 단계는 하나님이 당신에게 하라고 보여 주신 것에 순종하는 일이다. 세 번째 단계는 하나님께서 자신이 할 부분을 하시리라고 믿는 것이다. 이러한 까닭에서 하나님의 말씀을 믿고 신뢰하는 일은 하나님의 속성과

행하신 일을 아는 것이 바탕이 되어야 한다. 한 농부가 내게 그것을 다음과 같이 설명해 주었다.

하나님은 당신에게 가지 끝으로 나아가라고 하신다. 일단 당신이 가지 끝으로 가면 들들들 하는 소리가 들린다. 몸을 돌려보면 사탄이 전기톱으로 당신이 매달려 있는 나뭇가지를 잘라 내고 있다. 성경이 말하는 믿음은 가지 끝에 머물러 서서 사탄이 계속 톱질을 하여 마침내 나무와 함께 사탄 자신도 쓰러지는 것을 지켜보는 것이다. 그리고 당신은 선 채로 공중에 있는 것이다. 그것이 믿음이다! 믿음은 나무나 나뭇가지를 믿는 것이 아니다. 믿음은 하나님 말씀과 그 말씀 안에 계신 분을 믿는 것이다.

믿음으로 사는 비결은 방법에 있지 않다. 그 비결은 하나님의 음성을 듣고 순종하고 믿는 것이다.

성경은 하나님이 주시는 지혜로 가득 차 있다.

이 지혜들은 한 치 앞도 알 수 없는 인생을 사는 우리에게

"주의 말씀은 내 발에 등이요 내 길에 빛이니이다(시편 119:105)."라는

시편 기자의 고백처럼 우리의 삶을 밝히는 등불이 되어 줄 것이다.

지혜력

초판 1쇄 발행	2010년 1월 27일
지은이	김승동
펴낸곳	교회성장연구소
발행인	이영훈
편집인	이장석
편집장	이봉연
기획 및 편집	최진영, 김영선
교정 교열	박부연
디자인	페이퍼마임
마케팅 팀장	이승조
마케팅	김성경, 안태웅
등록번호	제12-177호
주소	서울시 구로구 구로동 구로디지털 우체국 사서함 50호
전화	02-2109-5761
팩스	02-2109-5720
웹 사이트	www.pastor21.net

책 가격은 뒤표지에 있습니다.

ISBN 978-89-8304-151-7 03230
잘못 만들어진 책은 바꾸어 드립니다.